編者的話

綜觀四技二專各類英文考試，字彙一直占有重要的地位，而字彙能力同時也是閱測、翻譯等大題的得分基礎，因此我們特別編輯「升二專英文字彙」（*English Vocabulary for Vocational High School Students*）一書，希望提供您高效率的單字記憶法，幫助您締造考試佳績。

本書內容特色如下：

◇ **二專單字突破**——精選四技二專考試高頻率單字 **1200** 個，按字義加以分類，各單字並附衍生字、同反義字及重要片語，配合實用例句，教您逐群背誦單字，事半功倍。第二部分並列出必背反義字組及字根字組，讓您不再死背單字，而能舉一反三，最後的現代用語，您更是不可錯過，未來考題熱門單字，盡在其中。

◇ **歷屆試題演練**——每七個單元即附一回 Review，所有題目均取自歷屆全真字彙考題，資料珍貴，不僅提供您自我評量之用，更幫助您掌握升二專考試命題趨勢，鞏固應考實力。

此外，本書並附有四技、二專各類考試參加聯招的學校及各系組一覽表，作為您報考及選填志願時的參考。

本書雖經多次審慎校對，仍恐猶有疏漏之處，試盼各界先進不吝批評指教。

Editorial Staff

● **編著**／蔡琇瑩

● **校訂**
劉　毅・陳瑠琍・謝静芳・吳濱伶・
蕭善尹・莊心怡

● **校閱**／Timothy Lobsang

● **封面設計**／張鳳儀

● **版面設計**／張鳳儀・白雪嬌

● **版面構成**／蘇淑玲・李英華

● **打字**
黃淑貞・倪秀梅・吳秋香・蘇淑玲

CONTENTS

PART 1

二專高頻率單字
Words by Classifications —————— 1

||||||||||||||||||||||||||| **STEP 2** ||||||||||||||||||||||||||||

STEP 3

PART 2 其他單字分類
Other Word Groupings —————— 219

附 錄

Words by Classifications

PART 1 二專高頻率單字

STEP 1

······ ‖‖‖生活 ★ 用品‖‖‖ ······

❖ **awake**〔ə'wek〕*v.* 喚醒   *adj.* 醒著的

The noise *awoke* me.（噪音把我吵醒了。）

He lay *awake* for hours thinking about her.

（他躺了幾個小時，一直想她而無法入睡。）

❖ **greet**〔grit〕*v.* 打招呼；迎接   ······ greeting *n.*

She *greeted* me with a smile.（她和我微笑打招呼。）

❖ **bow**〔baʊ〕*v.* 鞠躬 〔bo〕*n.* 弓

He *bowed* to the Queen.（他向皇后鞠躬。）

The Indians fought with *bows* and arrows.

（印第安人用弓箭打仗。）

* arrow〔'æro〕*n.* 箭

❖ **pray**〔pre〕*v.* 祈禱

She is used to *praying* before going to bed.

（她習慣在睡前禱告。）

❖ **board**〔bord, bɔrd〕*v.* 上（車、船等）   *n.* 木板

Passengers should *board* the train now.

（乘客現在應該上火車了。）

The floor is made partly of *boards* and partly of

stone.（這地板一部分是木頭，一部分是石頭。）

❖ **bathe**〔beð〕*v.* 洗澡；沐浴 ······ bath〔bæθ〕*n.*
　　Some boys don't like to ***bathe*** regularly.
　　（有些男孩不喜歡常洗澡。）

❖ **note**〔not〕*n.* 筆記　*v.* 記下
　　Be sure to take a ***note*** of what she says.
　　（請務必要記下她所說的話。）
　　Did you ***note*** down my phone number？
　　（你記下我的電話號碼了嗎？）

❖ **furniture**〔ˈfɝnɪtʃɚ〕*n.* 家具　······ furnish *v.* 供應；設置（家具）
　　·This old French table is a very valuable piece of
　　furniture.
　　（這張古老的法國桌子是件很有價值的家具。）

❖ **paste**〔pest〕*v.* 黏貼　*n.* 漿糊
　　He ***pasted*** the notice on the door.（他把告示貼在門上。）

❖ **diet**〔ˈdaɪət〕*n.* 飲食；規定飲食
　　Proper ***diet*** and exercise are both important for
　　health.（適當的飲食和運動對健康都很重要。）

❖ **leather**〔ˈlɛðɚ〕*n.* 皮革；皮製品
　　He likes ***leather*** goods.（他喜歡皮製品。）

❖ **thread**〔θrɛd〕*n.* 線
　　Do you have a needle and some ***thread***？
　　（你有針線嗎？）

❖ **polish** 〔'pɑlɪʃ〕 *v.* 磨光；擦亮　　*n.* 擦亮劑；光滑
　　……… *shoe polish* 鞋油
　　Why don't you ***polish*** the shoes with this cloth？
　　（你為什麼不用這塊布來擦鞋子呢？）
　　May I use the *shoe polish*？
　　（我可以用鞋油嗎？）

❖ **baggage** 〔'bægɪdʒ〕 *n.* 行李　　…… 🔲 luggage 〔'lʌgɪdʒ〕 *n.*
　　Have you got any ***baggage***？（你有行李嗎？）

❖ **dine** 〔daɪn〕 *v.* 用餐　　…… diner *n.* 用餐者
　　Don't talk about business while we're ***dining***.
　　（吃飯時不要談公事。）

❖ **bake** 〔bek〕 *v.* 烘焙　　…… baker *n.* 麵包師　　bakery *n.* 麵包店
　　My mother ***bakes*** bread every morning.
　　（我媽媽每天早上烘麵包。）

……… ‖‖‖‖身分 ★ 地位‖‖‖‖ ………

❖ **manager** 〔'mænɪdʒɚ〕 *n.* 經理；經紀人
　　…… manage *v.*　　management *n.*
　　Who is the ***manager*** of the baseball team？
　　（這個棒球隊的經紀人是誰？）

❖ **crew** 〔kru〕 *n.* 全體船員；全體機員
　　Modern ships only need a small ***crew***.
　　（新式的船只需要少數的船員。）

❖ **officer** 〔'ɑfəsɚ, 'ɔf-〕 *n.* 軍官；公務員

He is an army *officer*.（他是一個陸軍軍官。）

She is a local government *officer*.

（她是地方政府官員。）

＊ army〔'ɑrmɪ〕*n.* 陸軍

❖ **chairman** 〔'tʃɛrmən〕 *n.* 主席；董事長（＝ *chairperson*）

He is one of our most experienced *chairmen*.

（他是我們最有經驗的主席之一。）

❖ **diplomat** 〔'dɪplə,mæt〕 *n.* 外交官

‥‥‥‥ diplomacy〔dɪ'pləməsɪ〕*n.* 外交手腕

diplomatic〔,dɪplə'mætɪk〕*adj.* 外交的；有外交手腕的

He has spent most of his working life as a *diplomat*.

（他大半生都從事外交官一職。）

❖ **ambassador** 〔æm'bæsədɚ〕 *n.* 大使

Do you know who the British *Ambassador* to Japan is？

（你知道英國駐日大使是誰嗎？）

❖ **status** 〔'stetəs〕 *n.* 地位；階級

Do you know his *status* in this company？

（你知道他在這家公司的職位嗎？）

❖ **slave** 〔slev〕 *n.* 奴隸　‥‥‥ slavery *n.* 奴隸制度

At one time there were many *slaves* in America.

（美國曾經有很多奴隸。）

❖ **role**〔rol〕*n*.(戲劇中之)角色;職務(= *part*)

He played an important *role* in the committee.
(他在委員會中擔任重要的職位。)

······· ‖‖‖農業 ★ 作物‖‖‖· ·······

❖ **sow**〔so〕*v*. 播種〔sowed, sowed / sown〕

The farmer *sowed* his field with wheat.
(農夫在他的田裏種小麥。)

❖ **cultivate**〔'kʌltə,vet〕*v*. 耕種;培養
······ cultivation *n*.

The farmer *cultivated* a farm of 200 acres.
(這個農夫耕種兩百英畝的田。)
Good habits should be *cultivated* in childhood.
(在兒童時期就應該培養好的習慣。)

❖ **wheat**〔hwit〕*n*. 小麥

Flour is made from *wheat*.(麵粉是由小麥做成的。)

❖ **flour**〔flaʊr〕*n*. 麵粉

We need *flour*, sugar, and eggs to make this cake.
(我們需要麵粉、糖和雞蛋來做蛋糕。)

❖ **grain**〔gren〕*n*. 穀物

We import *grain* from America.
(我們從美國進口穀物。)

◇ **crop**〔krɑp〕 *n.* 農作物；收穫（量）（＝ *harvest*）

Corn is an important **crop** in the United States.
（在美國，玉蜀黍是重要的農作物。）

◇ **harvest**〔'hɑrvɪst〕 *n.* 收穫（量）

We all helped with the **harvest**.
（我們都幫忙這次的收成。）

◇ **agriculture**〔'æɡrɪ‚kʌltʃɚ〕 *n.* 農業
…… agricultural〔‚æɡrɪ'kʌltʃərəl〕 *adj.*

He is engaged in **agriculture**.（他從事農業工作。）

◇ **weed**〔wid〕 *n.* 雜草　…… weedy *adj.*

Our garden was full of **weeds**.
（我們的庭院裏雜草叢生。）

········ ||||||||自然 ★ 資源|||||||· ·······

◇ **earthquake**〔'ɝθ‚kwek〕 *n.* 地震

There are a lot of **earthquakes** in Japan.
（日本有很多地震。）

◇ **thunder**〔'θʌndɚ〕 *n.* 雷；雷聲
…… thunderous *adj.*　　☞ lightning〔'laɪtnɪŋ〕 *n.* 閃電

There was **thunder** and lightning last night.
（昨天晚上有打雷和閃電。）

◇ **fog**〔fɑg, fɔg〕 *n.* 霧　…… foggy *adj.*

We got lost in the **fog**.（我們在霧中迷了路。）

❖ **flood**〔flʌd〕*n.* 洪水；水災　*v.* 氾濫

The town was destroyed by the **flood** after the storm.
（暴風雨過後，這個城鎮被洪水摧毀。）

❖ **frost**〔frɔst, frɑst〕*n.* 霜　……… frosty *adj.* 寒冷的；覆有霜的

The plants were damaged by the late **frost**.
（這些植物因晚霜而受損。）

❖ **breeze**〔briz〕*n.* 微風　……… 同 wind〔wɪnd〕*n.*　 breezy *adj.*

There's a nice **breeze** here.（這裏有陣陣的微風。）

❖ **vapo(u)r**〔'vepɚ〕*n.* 蒸氣　……… vaporous *adj.*

A cloud in fact is a mass of **vapor**.
（雲事實上是一大團蒸氣。）

❖ **moist**〔mɔɪst〕*adj.* 潮濕的

……… 同 damp〔dæmp〕*adj.*　 moisture〔'mɔɪstʃɚ〕*n.* 濕氣；水分

Her eyes were **moist** with tears.
（她雙眸淚濕。）

❖ **shade**〔ʃed〕*n.* 蔭 (物體的陰影)

☞ shadow〔'ʃædo〕*n.* 影子 (指光線照射物體時的投影)

They sat in the **shade** of that big tree.
（他們坐在那棵大樹的樹蔭下。）

❖ **steep**〔stip〕*adj.* 陡峭的

We climbed up the **steep** slope.
（我們爬上陡峭的斜坡。）

　＊ slope〔slop〕*n.* 斜坡

❖ **freeze** [friz] *v.* 冰凍 [froze, frozen]

Water ***freezes*** at 0 degree centigrade.

（水在攝氏零度會結冰。）

　　＊ centigrade [ˈsɛntəˌgred] *adj.* 攝氏的

❖ **float** [flot] *v.* 漂浮　……反 sink [sɪŋk] *v.* 下沈

Wood ***floats*** on water.（木頭可以浮在水上。）

❖ **soil** [sɔɪl] *n.* 土；土壤　……同 earth [ɝθ] *n.*

Nothing seems to grow in this ***soil***.

（這種土壤中似乎沒有東西能生長。）

❖ **ray** [re] *n.* 光線　…… *X rays* X光

Ultraviolet ***rays*** are harmful to us.

（紫外線對我們有害。）

　　＊ ultraviolet [ˌʌltrəˈvaɪəlɪt] *adj.* 紫外線的

❖ **fuel** [ˈfjuəl] *n.* 燃料

Petrol is no longer a cheap ***fuel***.

（汽油不再是廉價的燃料。）

　　＊ petrol [ˈpɛtrəl] *n.* 汽油

❖ **temperature** [ˈtɛmprətʃɚ] *n.* 溫度；體溫

What's the ***temperature*** going to be tomorrow?

（明天的氣溫幾度？）

❖ **atmosphere** [ˈætməsˌfɪr] *n.* 氣氛；大氣

There is a friendly ***atmosphere*** in the office.

（在辦公室裏氣氛很友善。）

❖ **resource** 〔'risors, rɪ'sors〕 *n.* 資源 (常用複數形)
　……… resourceful *adj.*

　Japan is not rich in natural **resources**.
　（日本的天然資源並不豐富。）

❖ **oxygen** 〔'ɑksədʒne〕 *n.* 氧

　You cannot burn anything without **oxygen**.
　（沒有氧，任何東西都無法燃燒。）

・・・・・・・ ⅢⅢⅢⅢ發生 ★ 前進ⅢⅢⅢ ・・・・・・・

❖ **arise** 〔ə'raɪz〕 *v.* 出現；發生〔arose, arisen〕

　Some unexpected difficulties have **arisen**.
　（一些意料之外的困難發生了。）

❖ **occur** 〔ə'kɝ〕 *v.* 發生
　……… 同 happen〔'hæpən〕 *v.*　　occurrence *n.*

　A big earthquake **occurred** in India yesterday.
　（印度昨天發生了大地震。）

❖ **advance** 〔əd'væns〕 *v., n.* 前進；進步
　……… 反 retreat〔rɪ'trit〕 *v.* 撤退

　Napoleon's army **advanced** toward Moscow.
　（拿破崙的軍隊進攻莫斯科。）

❖ **approach** 〔ə'protʃ〕 *v., n.* 接近；前進
　……… approachable *adj.* 可接近的

　The time is **approaching** when we must leave.
　（我們必須離開的時間快到了。）

◇ **encounter**〔ɪnˈkaʊntɚ〕*v.* 遭遇（= *come across*）

We **encountered** many difficulties.
（我們遭遇到很多困難。）

◇ **undergo**〔ˌʌndɚˈgo〕*v.* 遭受；經歷〔underwent, undergone〕

……同 experience〔ɪkˈspɪrɪəns〕*v., n.* 經驗

I **underwent** major surgery last year.
（我去年動了一個大手術。）

* surgery〔ˈsɝdʒərɪ〕*n.* 手術

······ ||||||||數量 ★ 比例|||||||| ·······

◇ **score**〔skɔr〕*n.* 得分；成績　*v.* 得分

We won the game by a **score** of 10-4.
（我們以十比四的比數贏了這場比賽。）

◇ **numerous**〔ˈnjumərəs〕*adj.* 極多的（= *many*）

There are **numerous** birds in this forest.
（這座森林裏有很多鳥。）

◇ **amount**〔əˈmaʊnt〕*n.* 總數　*v.* 總計＜*to*＞

This task needs a large **amount** of labor.
（這項工作需要大量勞力。）
His debts **amount** *to* over $1,000.
（他的債務總計超過一千美元。）

* debt〔dɛt〕*n.* 債務

◇ **mass**〔mæs〕*n.* 團；大量　……massive *adj.*　*a mass of*～ 許多

We still have **masses** *of* work.（我們還有許多工作。）

❖ **maximum**〔'mæksəməm〕*n.*最大量　　*adj.*最高的；最大的

　　……囝 minimum〔'mɪnəməm〕*n., adj.*最少（量）

　　This hall holds a ***maximum*** of 1,000 people.
　　（這個大廳最多能容納一千人。）

❖ **addition**〔ə'dɪʃən〕*n.*附加　……additional *adj.*

　　in addition to 除～之外

　　He is a new ***addition*** to the teaching staff.
　　（他是新加入的老師。）

　　They eat, ***in addition*** to vegetables, a lot of fruit.
　　（除了蔬菜之外，他們也吃很多水果。）

　　* staff〔stæf〕*n.*全體人員

❖ **rate**〔ret〕*n.*比率

　　The birth ***rate*** has been decreasing recently.
　　（最近出生率已逐漸下降。）

❖ **share**〔ʃɛr〕*n.*部分　　*v.*分享；共有

　　Have you finished your ***share*** of the work?
　　（你那部分的工作完成了嗎？）

　　Those two boys ***share*** the same dormitory room.
　　（那二個男孩同住一間宿舍。）

　　* dormitory〔'dɔrmə,torɪ〕*n.*宿舍

┈┈┈┈ ‖‖‖‖比較 ★ 對照‖‖‖‖ ┈┈┈┈

❖ **contrast**〔'kɑn,træst〕*n.*對比；對照　〔kən'træst〕*v.*對比；對照

　　The ***contrast*** between the two ideas is very marked.
　　（這兩個意見之間的對比很明顯。）

❖ **comparison**〔kəm'pærəsn̩〕 *n.* 比較
⋯⋯ compare〔kəm'pɛr〕*v.* comparative *adj.*
in comparison with~ 和~比較

In comparison with China, Japan is very small.
（跟中國相較之下，日本非常小。）

❖ **comparable**〔'kɑmpərəbl̩〕*adj.* 可比的；類似的

A *comparable* car would cost far more in Japan.
（同樣的車子在日本買貴好多。）

❖ **contrary**〔'kɑntrɛrɪ〕*n.* 相反的事物；矛盾
adj. 相反的；反對的 ⋯⋯ *on the contrary* 相反地

They say he is guilty, but I believe the *contrary*.
（他們說他有罪，我卻相信他無罪。）

I may seem to be doing very well these days, but *on the contrary*, I'm having a lot of financial problems.
（我最近看起來也許過得不錯，但相反地，我有許多財政上的問題。）

────學習師資最優・學費最低────

REVIEW ① （解答見 p.243）

1. That big grocery store sells a lot of_____food. 〔四技商專〕
   (A) freeze (B) froze (C) freezing (D) frozen

2. It is difficult to grow good vegetables in the poor_____ in this area. 〔師大工教·保送甄試〕
   (A) soil (B) dirt (C) crust (D) hammer

3. When a plane accident occurs, most people are killed.
   (A) falls (B) happens 〔四技商專·
   (C) explodes (D) notices 北區夜二專〕

4. In summer, we enjoy the cool_____from the sea. 〔四技工專〕
   (A) storm (B) breeze (C) hurricane (D) typhoon

5. Whiskey and brandy are strong drinks_____wine or beer.
   (A) compared with (B) pass by 〔中區夜二專〕
   (C) out of sight (D) in demand

6. A car usually uses gasoline as_____. 〔保送甄試·四技工專〕
   (A) fuel (B) system (C) supply (D) machine

7. The explorers had to_____much suffering or even some dangers. 〔四技工專〕
   (A) undergo (B) underdo (C) underground (D) upset

8. I am not at all disappointed in you; _____, I like you all the better. 〔彰化師大〕
   (A) to the contrary (B) on the contrary
   (C) for the contrary (D) with the contrary

┉┉┉ ‖‖‖地區 ★ 範圍‖‖‖ ┉┉┉

❖ **local**〔'lokḷ〕*adj.* 地方的；本地的
　　┉┉ 反 central〔'sɛntrəl〕*adj.* 中央的；中心的
　　The **local** news will be broadcast next.
　　（接下來要播放地方新聞。）

❖ **neighborhood**〔'nebɚ,hʊd〕*n.* 鄰近的地區
　　┉┉ neighbo(u)r *n.* 鄰居
　　He lives in this **neighborhood**.（他住在這附近。）

❖ **sphere**〔sfɪr〕*n.* 球體；範疇
　　The earth is shaped like a **sphere**.
　　（地球像個球體。）
　　You'd better remain in your proper **sphere**.
　　（你最好安分守己。）

❖ **rural**〔'rʊrəl〕*adj.* 鄉村的（↔*urban*）
　　┉┉ 同 rustic〔'rʌstɪk〕*adj.*
　　Rural life appeals to me very much.
　　（鄉村生活十分吸引我。）
　　* appeal〔ə'pil〕*v.* 引起興趣

❖ **urban**〔'ɝbən〕*adj.* 都市的（↔*rural*）　┉┉ urbanize *v.* 都市化
　　I've finally got used to **urban** life.
　　（我終於習慣了都市生活。）

❖ **suburb**〔'sʌbɝb〕*n.* 郊區　┉┉ *in the suburbs* 在郊外
　　We live **in the suburbs**.（我們住在郊區。）

······ ⅢⅢ情緒 ★ 感覺ⅢⅢ ······

◇ **passion** 〔'pæʃən〕 *n.* 熱情　······ passionate *adj.*

The author expresses his ***passion*** for love.

（作者表現出他對愛的熱情。）

◇ **impulse** 〔'ɪmpʌls〕 *n.* 衝動

　　······ impulsive 〔ɪm'pʌlsɪv〕*adj.*　　*on impulse* 因衝動

She bought the dress *on **impulse***.

（她一時衝動就買了那件洋裝。）

◇ **temper** 〔'tɛmpɚ〕 *n.* 性情；脾氣

　　······ temperate *adj.* 適度的；節制的

He has an uncontrollable ***temper***.

（他的脾氣很難控制。）

　　∗ uncontrollable〔,ʌnkən'troləbḷ〕*adj.* 難控制的

◇ **emotion** 〔ɪ'moʃən〕 *n.* 感情；情緒

　　······ 同 feelings〔'filɪŋz〕*n.*(*pl.*)　　emotional *adj.*

Man is a creature of ***emotion***.（人是感情的動物。）

　　∗ creature〔'kritʃɚ〕*n.* 動物；生物

◇ **lonely** 〔'lonlɪ〕 *adj.* 孤獨的；偏僻的　······ loneliness *n.*

Though I was left alone, I didn't feel ***lonely*** at all.

（雖然我獨自一人，但我一點也不寂寞。）

My aunt lives in a ***lonely*** house in the country.

（我的嬸嬸住在鄉下一棟偏僻的房子裏。）

◇ **envy** 〔'ɛnvɪ〕 *v.*, *n.* 羨慕　······ envious *adj.*

He ***envied*** my success.（他羨慕我的成功。）

❖ **jealous**〔'dʒɛləs〕 *adj.* 嫉妒的

　…… 同 envious〔'ɛnvɪəs〕*adj.*　　*be jealous of* ～ 嫉妒～
　　jealousy *n.*

Everybody *was jealous of* my success.
（每個人都妒忌我的成功。）

❖ **shame**〔ʃem〕 *n.* 羞愧

　…… 反 honor〔'ɑnɚ〕*n.* 名譽　　shameful *adj.*

She felt no *shame* at having said what she did.
（她說出自己所做的事而不覺得羞愧。）

❖ **ashamed**〔ə'ʃemd〕 *adj.* 感到羞愧的

　…… *be ashamed of* ～ 爲～感到羞愧

You should *be ashamed of* your behaviour.
（你應該爲你的行爲感到羞愧。）

……… ‖‖‖‖‖收入 ★ 支出‖‖‖‖‖ ………

❖ **cash**〔kæʃ〕 *n.* 現金　…… *pay in cash* 付現金

I've no *cash* on me ; can I pay by check ?
（我身上沒帶現金，我可以用支票付款嗎？）

❖ **fee**〔fi〕 *n.* 酬勞；費用

The lawyer's *fee* was very high.
（律師的費用很高。）

❖ **fare**〔fɛr〕 *n.* （車、船）票價；車資

What's the bus *fare* ?（公車票價是多少錢？）

◇ **expense** 〔ɪkˈspɛns〕 *n.* 費用；支出

…… 同 expenditure 〔ɪkˈspɛndɪtʃə〕 *n.*   expensive *adj.* 昂貴的

The ship was built at considerable *expense*.

（造這艘船花了相當龐大的費用 。）

* considerable 〔kənˈsɪdərəbḷ〕 *adj.* 相當多的

◇ **reward** 〔rɪˈwɔrd〕 *n.* 報酬   *v.* 酬謝；回報

He wasn't given any *reward* for his service.

（他的服務沒有得到任何報酬 。）

◇ **payment** 〔ˈpemənt〕 *n.* 支付；款項

…… pay *v.* 付款   *n.* 薪資   *payment in full* 一次付清

I prefer *payment in full* to payment in part.

（我較喜歡一次付清，而不喜歡分期付款 。）

◇ **wage** 〔wedʒ〕 *n.* 薪資（ = *pay*）

My monthly *wage* is NT $ 30,000.

（我每月的薪資是三萬元 。）

◇ **tip** 〔tɪp〕 *n.* 小費；尖端

I gave the taxi driver a dollar *tip*.

（我給了計程車司機一塊錢小費 。）

Only the *tip* of an iceberg shows above the water.

（冰山只有頂端部分露出水面 。）

* iceberg 〔ˈaɪs͵bɝg〕 *n.* 冰山

◇ **pension** 〔ˈpɛnʃən〕 *n.* 津貼；養老金

My father lives on a *pension*.

（家父靠養老金度日 。）

······ ‖‖‖‖標準 ★ 一般‖‖‖‖· ·······

❖ **standard** 〔'stændəd〕 *adj.* 標準的　*n.* 標準
　····· *the standard of living* 生活水準
　What's the ***standard*** pronunciation for this word？
　（這個字的標準發音是什麼？）

❖ **normal** 〔'nɔrml̩〕 *adj.* 正常的；標準的（↔ *abnormal*）
　His temperature is ***normal***.
　（他的體溫很正常。）

❖ **general** 〔'dʒɛnərəl〕 *adj.* 一般的
　····· 反 special 〔'spɛʃəl〕 *adj.* 特別的　　generalize *v.* 一般化
　The ***general*** feeling is that it's wrong.
　（一般的看法都認爲這是錯的。）

❖ **average** 〔'ævərɪdʒ〕 *adj.* 平均的　*n.* 平均
　What is the ***average*** rainfall for July here？
　（此地七月份的平均降雨量是多少？）
　* rainfall 〔'ren,fɔl〕 *n.* 降雨量

❖ **medium** 〔'midɪəm〕 *adj.* 中等的　*n.* 媒體；手段（*pl.*）media
　····· 同 means 〔minz〕 *n.*（*pl.*）
　I am of ***medium*** height.（我的個子中等。）
　Television is a very important ***medium*** for giving
　information.（電視是傳達訊息的一個非常重要的媒體。）

❖ **discipline** 〔'dɪsəplɪn〕 *n.* 規律；訓練
　Teachers do their best to maintain ***discipline*** in class.
　（老師們要盡力維持上課時的紀律。）

······· ||||||||傾斜 ★ 彎曲||||||| ·······

❖ **bend**〔bɛnd〕v. 彎曲〔bent, bent〕

The branch began to **bend** as I climbed along it.
（當我沿著樹枝往上爬時，樹枝開始彎曲。）

❖ **curve**〔kɝv〕v. 彎曲　n. 曲線

The road **curves** gently towards the west.
（這條路緩緩地彎向西方。）

❖ **lean**〔lin〕v. 傾斜　adj. 瘦的

This fence **leans** to the left a little.
（這片籬笆有點向左傾斜。）

* fence〔fɛns〕n. 籬笆

······· ||||||||放鬆 ★ 拉緊||||||| ·······

❖ **relieve**〔rɪ'liv〕v. 減輕；使安心　······ relief n.

This medicine helps **relieve** muscle pain.
（這種藥有助於減輕肌肉疼痛。）
They were **relieved** to hear the news.
（他們聽到這消息就放心了。）

* muscle〔'mʌsl〕n. 肌肉

❖ **relax**〔rɪ'læks〕v. 放鬆；放寬　······ relaxation n.

The rules were recently **relaxed**.
（這些法規最近放寬了。）
Why don't you sit down and **relax**?
（你為什麼不坐下來放鬆一下？）

❖ **relief**〔rɪ'lif〕*n.* 減輕；安心　…… relieve *v.*

It was a ***relief*** to hear that he was all right.
（聽到他安然無恙的消息，令人鬆了一口氣。）

❖ **release**〔rɪ'lis〕*v., n.* 釋放　……回 bind〔baɪnd〕*v.* 綁；束縛

The prisoner was ***released*** from jail last month.
（這個囚犯上個月從牢裏釋放出來了。）

* prisoner〔'prɪznɚ〕*n.* 囚犯

❖ **strain**〔stren〕*v.* 拉緊；使緊張　*n.* 緊張　…… strained *adj.*

His weight ***strained*** the rope.
（他的重量使得繩索緊繃著。）

……… ‖‖‖‖‖‖正確 ★ 穩定‖‖‖‖‖‖ ………

❖ **accurate**〔'ækjərɪt〕*adj.* 正確的（↔ *inaccurate* ）
…… accuracy *n.*

Give me an ***accurate*** report of what happened.
（對於所發生的事，給我一份正確的報告。）

❖ **precise**〔prɪ'saɪs〕*adj.* 正確的（ = *exact* ）
…… precision〔prɪ'sɪʒən〕*n.*

Tell me the ***precise*** time of their arrival.
（告訴我他們到達的正確時間。）

❖ **punctual**〔'pʌŋktʃʊəl〕*adj.* 準時的
…… punctuality〔,pʌŋktʃʊ'ælətɪ〕*n.*

She is always ***punctual*** for class.
（她上課總是很準時到達。）

◇ **firm**〔fɝm〕*adj.* 穩定的（= *steady*）；堅決的

He gave me a **firm** refusal.（他很堅決地拒絕了我。）

＊refusal〔rɪ'fjuzl̩〕*n.* 拒絕

◇ **stable**〔'stebl̩〕*adj.* 穩定的（↔ *unstable*）　*n.* 馬廏

‥‥‥ stabilize *v.*　stability〔stə'bɪlətɪ〕*n.*

The government of that country is now **stable**.
（那個國家的政府現在很穩定。）

◇ **steady**〔'stɛdɪ〕*adj.* 穩定的（= *stable*）　‥‥‥ steadily *adv.*

Please hold this ladder **steady**.（請梯子抓穩。）

◇ **exact**〔ɪg'zækt〕*adj.* 正確的（= *accurate*）　‥‥‥ exactly *adv.*

What is the **exact** time？（正確時間是幾點？）

◇ **certain**〔'sɝtn̩, -ɪn〕*adj.* 確信的（= *sure*）

‥‥‥ certainly *adv.*　certainty *n.*

I am **certain** that he will quit his job.
（我確信他會辭職。）

◇ **formal**〔'fɔrml̩〕*adj.* 正式的（↔ *informal*）

‥‥‥ form *v.* 形成　formality〔fɔr'mælətɪ〕*n.* 形式；禮節

Formal dress must be worn.（必須穿著正式服裝。）

REVIEW ②

（解答見 p.243）

1. Your typing is not very fast, but it is_____.
   (A) rapid   (B) familiar   〔四技商專‧
   (C) expressive   (D) accurate   保送甄試〕

2. Most children are educated at public_____. 〔北區夜二專〕
   (A) expend   (B) expense   (C) expending   (D) expensive

3. The train arrived at_____eight o'clock, neither
   earlier nor later. 〔四技商專〕
   (A) exactly   (B) closely   (C) extremely   (D) recently

4. He comes at seven-thirty every morning and this shows
   that he is p_____l. 〔彰化師大〕

5. Advertising messages are carried to large audiences by
   mass m_____a. 〔彰化師大〕

6. The restaurant over there only accepts cash. 〔四技商專〕
   (A) check   (B) card   (C) money   (D) visa

7. It was a great_____to learn that his son has been
   safe. 〔北區夜二專‧師大工教〕
   (A) risk   (B) relief   (C) option   (D) remedy

8. I often felt_____because Peter could go out when
   he wished. 〔四技商專〕
   (A) jealous   (B) jealously
   (C) more jealous   (D) jealousy

······· ‖‖‖‖同意 ★ 許可‖‖‖‖‖ ·······

❖ **consent**〔kən'sɛnt〕 *v.*, *n.* 同意＜*to*＞ ······ 同 agree〔ə'gri〕 *v.*

I refuse to ***consent*** *to* that plan.
（我拒絕同意那項計畫。）

❖ **admit**〔əd'mɪt〕 *v.* 承認；許可
······ admission〔əd'mɪʃən〕 *n.* 入場〔會，入學〕許可
admittance *n.* 入場（許可）
He never ***admits*** his mistakes.（他從不承認錯誤。）

❖ **accept**〔ək'sɛpt, æk-〕 *v.* 接受
······ 反 refuse〔rɪ'fjuz〕 *v.* 拒絕 acceptance *n.*
The father wouldn't ***accept*** his daughter's boyfriend.
（這位父親不接受他女兒的男友。）

❖ **allow**〔ə'lau〕 *v.* 允許
······ 反 forbid〔fə'bɪd〕 *v.* 禁止 allowance *n.* 允許；零用錢
The school does not ***allow*** students to smoke on
campus.（那所學校禁止學生在校園裏抽煙。）

❖ **permit**〔pə'mɪt〕 *v.* 允許（＝ *allow*）
······ permission *n.*
You are not ***permitted*** to use this car.
（你不許開這輛車。）

❖ **approve**〔ə'pruv〕 *v.* 贊成
······ 反 disapprove *v.* 反對 approval *n.*
The minister ***approved*** the building plans.
（部長贊成這項建築計畫。）

❖ **permission**〔pəˈmɪʃən〕*n.* 許可；允許 ······ permit *v.*

Who gave you *permission* to use this computer？
（是誰允許你用這台電腦？）

❖ **agreement**〔əˈgrimənt〕*n.* 一致；同意

······ 反 disagreement *n.*　　agree *v.*

The two sides were unable to reach an *agreement*.
（這兩方無法達成共識。）

······ ||||||| 精神 ★ 肉體 ||||||| ·······

❖ **blood**〔blʌd〕*n.* 血　······ bleed〔blid〕*v.* 流血

The knife was covered in *blood*.
（這支刀子上沾滿了血。）

❖ **sweat**〔swɛt〕*n.* 汗

He wiped the *sweat* off his brow.（他擦掉額上的汗。）

❖ **breath**〔brɛθ〕*n.* 呼吸　······ breathe〔brið〕*v.*

Take a deep *breath*.　（深呼吸。）

❖ **sigh**〔saɪ〕*n., v.* 歎氣

She heaved a *sigh* of relief when the work was done.
（工作完成時，她鬆了一口氣。）

* heave〔hiv〕*v.* 發出（歎息）

❖ **flesh**〔flɛʃ〕*n.* 肉體

Flesh is mortal.（凡是肉體都會死亡。）

* mortal〔ˈmɔrtl̩〕*adj.* 不免一死的

❖ **nerve**〔nɝv〕*n.* 神經；(*pl.*)緊張

    …… nervous *adj.* 緊張的   *get on one's nerves* 使某人焦躁不安

    A man like that *gets on my nerves*.

    （像那樣的人使我心煩。）

❖ **digest**〔daɪ'dʒɛst〕*v.* 消化   〔'daɪdʒɛst〕*n.* 文摘

    …… digestion *n.*

    Cheese doesn't *digest* easily.（乳酪不易消化。）

❖ **thirst**〔θɝst〕*n.* 口渴   …… thirsty *adj.*

    I had a terrible *thirst* after exercising.

    （在運動之後我覺得非常口渴。）

❖ **fatigue**〔fə'tig〕*n.* 疲勞

    …… 同 weariness〔'wɪrɪnɪs〕*n.*

    He showed no sign of *fatigue*.

    （他看起來一點都不累。）

……… ‖‖‖‖工作 ★ 職業‖‖‖‖ ………

❖ **career**〔kə'rɪr〕*n.* 經歷；職業

    She has had a magnificent *career*.

    （她已有相當輝煌的事業。）

    * magnificent〔mæg'nɪfəsṇt〕*adj.* 華麗的；宏大的

❖ **task**〔tæsk〕*n.* 工作   …… 同 work〔wɝk〕*n., v.*

    I was given the *task* of cleaning the office.

    （我被分派清掃辦公室的工作。）

❖ **occupation**〔,ɑkjə'peʃən〕 *n.* 職業；占領；居住

……同 job〔dʒɑb〕*n.* 工作　occupy〔'ɑkjə,paɪ〕*v.* 占據

He has no regular ***occupation***.（他沒有固定的職業。）

❖ **profession**〔prə'fεʃən〕 *n.* 職業

…… professional *adj.,n.* 職業的（選手）　*by profession* 職業

He is a dentist ***by profession***.（他是牙科醫生。）

＊ dentist〔'dεntɪst〕*n.* 牙醫

❖ **labo(u)r**〔'lebɚ〕 *n.* 勞動；勞工　*v.* 勞動

…… laborious〔lə'borɪəs〕*adj.* 吃力的

Most companies have their own ***labor*** unions.

（大部分的公司擁有自己的工會。）

＊ union〔'junjən〕*n.* 工會

❖ **routine**〔ru'tin〕 *n.* 例行公事

This is part of my daily ***routine***.

（這是我每天例行公事的一部分。）

……… ‖‖‖‖‖‖恐怖 ★ 害怕‖‖‖‖‖‖ ………

❖ **awful**〔'ɔfl̩〕 *adj.* 可怕的

…… 同 dreadful〔'drεdfəl〕*adj.*　awe〔ɔ〕*n.* 敬畏

The pain was ***awful***.（這種痛苦相當可怕。）

❖ **terrible**〔'tεrəbl̩〕 *adj.* 恐怖的

…… terrify *v.*　terror *n.*

There was a ***terrible*** accident on the freeway yesterday.

（昨天高速公路上發生了可怕的車禍。）

❖ **terror**〔'tɛrə〕 *n.* 恐怖

…… 同 fear〔fɪr〕*n.*　terrify *v.*　terrible *adj.*

Most young people don't know the **terror** of war.

（大多數的年輕人不知道戰爭的恐怖。）

❖ **alarm**〔ə'lɑrm〕 *n.* 警報；警報器　*v.* 使警戒

…… *alarm clock* 鬧鐘

If there is a big earthquake, the **alarm** will sound.

（如果有大地震，警報器會響。）

＊ sound〔saund〕*v.* 響；發聲

❖ **threat**〔θrɛt〕 *n.* 威脅

…… 同 menace〔'mɛnɪs〕*n.,v.*　threaten *v.*　threatening *adj.*

Someone made a **threat** to kill that politician.

（有人威脅要殺害那位政客。）

＊ politician〔,pɑlə'tɪʃən〕*n.* 政客

……… ‖‖‖‖‖ 適應 ★ 調整 ‖‖‖‖‖ ………

❖ **apply**〔ə'plaɪ〕 *v.* 適用；申請

…… application〔,æplə'keʃən〕*n.*　*apply for* 申請；應徵

I'll **apply for** the job today.

（我今天要去應徵那項工作。）

❖ **accustom**〔ə'kʌstəm〕 *v.* 使習慣

…… *be / get accustomed to*～ 習慣於～

I'm not **accustomed to** getting up so early.

（我不習慣這麼早起。）

◇ **adapt** 〔ə'dæpt〕 v. 使適應＜*to*＞；改編
　…… adaptation 〔,ædəp'teʃən〕 n.

　They *adapted to* life abroad very easily.
　（他們輕而易舉地適應了國外的生活。）
　The play was *adapted* from a novel.
　（這齣戲是由小說改編而成。）

◇ **adjust** 〔ə'dʒʌst〕 v. 調節；調整　…… adjustment n.
　You can *adjust* the color on the TV by turning this
　nob.（轉這個鈕就可以調整電視的顏色。）
　＊ nob〔nɑb〕n.〔俚〕頭

　……… ||||||||| 組織 ★ 構造 ||||||||| …….

◇ **union** 〔'junjən〕 n. 聯合；合併　…… unite〔ju'naɪt〕 v.
　There is no chance of a *union* between the two
　countries.（這二個國家没有合併的機會。）

◇ **frame** 〔frem〕 n. 骨架；組織；框架
　I need to buy new spectacle *frames*.
　（我必須買新的眼鏡框。）
　＊ spectacle〔'spɛktəkl̩〕n.(pl.) 眼鏡

◇ **organization** 〔,ɔrgənə'zeʃən, -aɪ'ze-〕 n. 組織；機構
　…… organize〔'ɔrgən,aɪz〕 v.

　WHO stands for World Health *Organization*.
　（WHO代表世界保健組織的縮寫。）
　＊ *stand for* 代表

❖ **function**〔'fʌŋkʃən〕*n.* 作用；機能 *v.* 擔任工作；有效用

The *function* of the brake is to stop the car.

（煞車的功用是使車子停住 。）

＊ brake〔brek〕*n.* 煞車

········ ⑾⑾⑾教育 ★ 合格⑾⑾⑾ ········

❖ **educate**〔'ɛdʒəˌket, -dʒʊ-〕*v.* 教育

······同 teach〔titʃ〕*v.* education *n.*

He was *educated* at a public school.

（他就讀一所公立學校 。）

＊ public〔'pʌblɪk〕*adj.* 公共的；公立的

❖ **instruct**〔ɪn'strʌkt〕*v.* 教導；指示（＝ *teach*）

······ instruction *n.* instructor *n.* 教師；講師

The doctor *instructed* me to go on a diet.

（醫生指示我要節食 。）

❖ **entitle**〔ɪn'taɪtl̩〕*v.* 使有資格

······ *be entitled to～* 有資格～

I *am* not *entitled to* comment on this.

（我沒有資格評論這件事 。）

＊ comment〔'kɑment〕*v.* 批評

❖ **qualify**〔'kwɑləˌfaɪ〕*v.* 合格

······ qualification〔ˌkwɑləfə'keʃən〕*n.* 資格

He is *qualified* as an English teacher.

（他具有英語教師的資格 。）

1. Our school is trying to_____a baseball team. 〔四技工專・四技商專〕
   (A) organize
   (B) able
   (C) done
   (D) tourist

2. The_____of education is to develop the mind. 〔彰化師大〕
   (A) career
   (B) instruction
   (C) function
   (D) threat

3. The magician performed his trick with_____skill. 〔四技商專・北區夜二專〕
   (A) portable
   (B) awkward
   (C) profitable
   (D) professional

4. We <u>adapted</u> ourselves to the hot weather. 〔四技商專〕
   (A) adjusted
   (B) indulged
   (C) contributed
   (D) devoted

5. Without special_____(permit), no one can visit the castle. 〔師大工教〕

6. If you confine your choice to a certain_____, your chance of getting a job may become smaller. 〔四技商專〕
   (A) certification
   (B) specification
   (C) explanation
   (D) occupation

7. I am very happy for your_____our invitation. 〔北區夜二專・四技工商專〕
   (A) accept
   (B) accepted
   (C) accepting
   (D) acception

······ ‖‖‖‖‖要素 ★ 內容‖‖‖‖‖ ·······

❖ **sort**〔sɔrt〕*v*. 分類　　*n*. 種類 ······ 圓 kind〔kaɪnd〕*n*.

He finished *sorting* the papers.

（他完成了這些報告的分類。）

What *sort* of fruit do you like best？

（你最喜歡哪一種水果？）

❖ **factor**〔'fæktɚ〕*n*. 原因

His friendly manner is one *factor* in his success.

（友善的態度是他成功的原因之一。）

❖ **element**〔'ɛləmənt〕*n*. 要素

Tenderness is an important *element* in a person's
character.

（溫柔是一個人性格中重要的要素之一。）

　　＊ tenderness〔'tɛndɚnɪs〕*n*. 溫柔
　　　character〔'kærɪktɚ〕*n*. 性格；品性

❖ **stuff**〔stʌf〕*n*. 材料；物體　　*v*. 填塞

What is that greasy *stuff* on your shirt？

（你襯衫上油油的東西是什麼？）

He *stuffed* a lot of clothes in his small suitcase.

（他把許多衣服塞進他的小行李箱。）

　　＊ greasy〔'grizɪ〕*adj*. 油膩的

❖ **detail**〔'ditel, dɪ'tel〕*n*. 細節

　　······ detailed *adj*. 詳細的　　*in detail* 詳細地

There isn't time to explain *in detail*.

（沒有時間詳細解釋了。）

‧‧‧‧‧‧ ‧||||||恢復 ★ 修理||||||‧ ‧‧‧‧‧‧

❖ **improve** 〔ɪmˈpruv〕 *v.* 改善　‧‧‧‧‧ improvement *n.*

I think your English has *improved* a lot.
（我認為你的英文已大有進步。）

❖ **cure** 〔kjur〕 *v.* 治療　*n.* 治療法

This medicine *cured* me of my cold.
（這種藥治好了我的感冒。）
We are trying to find a *cure* for cancer.
（我們正在設法找出治療癌症的方法。）

❖ **recover** 〔rɪˈkʌvɚ〕 *v.* 恢復　‧‧‧‧‧ recovery *n.*

He has not yet *recovered* consciousness.
（他的意識尚未恢復。）
* consciousness 〔ˈkɑnʃəsnɪs〕 *n.* 意識

❖ **mend** 〔mɛnd〕 *v.* 修補（= *repair*）；改善
‧‧‧‧‧ *mend one's way* 改過向善

I asked him to *mend* my shoes.
（我請他修補我的鞋子。）
You had better *mend your way* before it's too late.
（你最好早日改過向善。）

❖ **fix** 〔fɪks〕 *v.* 固定；修理　‧‧‧‧‧ fixed *adj.* 固定的

He *fixed* the bookshelf to the wall.
（他把書架固定在牆上。）
I must get the television *fixed*.
（我必須把電視送去修理。）
* bookshelf 〔ˈbʊkˌʃɛlf〕 *n.* 書架

❖ **repair** 〔rɪ'pɛr〕 *v.* 修理（= *mend*）

He *repaired* my watch for me.（他替我修理手錶。）

······ ‖‖‖‖‖ 避免 ★ 除去 ‖‖‖‖‖ ······

❖ **avoid** 〔ə'vɔɪd〕 *v.* 避免 ······ avoidance *n.*

She *avoided* answering my questions.
（她對我的問題避而不答。）

❖ **remove** 〔rɪ'muv〕 *v.* 除去；移去 ······ removal *n.*

She *removed* the dishes from the table.
（她把桌上的碗盤收走。）

❖ **omit** 〔o'mɪt, ə'mɪt〕 *v.* 省略 ······ omission *n.*

When you write colour, you may *omit* "u."
（當你寫 colour 這個字時，可以省略 "u"。）

❖ **resist** 〔rɪ'zɪst〕 *v.* 抵抗 ······ resistance *n.*　resistant *adj.*

His body was too weak to *resist* disease.
（他的身體太弱，無法抵抗疾病。）

······ ‖‖‖‖‖ 時間 ★ 頻率 ‖‖‖‖‖ ······

❖ **lately** 〔'letlɪ〕 *adv.* 最近 ······ 圓 recently〔'risntlɪ〕 *adv.*

Have you seen him *lately*？（你最近見過他嗎？）

❖ **forever** 〔fə'ɛvɚ〕 *adv.* 永遠

I'll remember his name *forever*.
（我永遠記得他的名字。）

❖ **beforehand** 〔bɪˈforˌhænd〕 *adv.* 預先

…… 同 previously 〔ˈprivɪəslɪ〕 *adv.* 先前地

Please let me know your plans *beforehand*.
（請先讓我知道你的計劃。）

❖ **brief** 〔brif〕 *adj.* 短的　…… brevity 〔ˈbrɛvətɪ〕 *n.*

She gave a *brief* look at the newspaper.
（她很快地把報紙瀏覽一遍。）

❖ **eventually** 〔ɪˈvɛntʃʊəlɪ〕 *adv.* 最後；終於

…… eventual *adj.*

He worked so hard that *eventually* he made himself
ill.（他太努力工作，終於病倒了。）

❖ **occasionally** 〔əˈkeʒənḷɪ〕 *adv.* 偶爾

…… occasional *adj.*　occasion *n.* (特別的)時機；場合

They visited me *occasionally*.
（他們偶爾會來拜訪我。）

❖ **frequent** 〔ˈfrikwənt〕 *adj.* 時常的；屢次的

…… frequency *n.* 頻率

Typhoons are *frequent* in this region.
（颱風常侵襲這一帶。）

……… ‖‖‖‖‖努力 ★ 嘗試‖‖‖‖‖ ……

❖ **dare** 〔dɛr〕 *aux.v.* 敢

How *dare* you say that？（你怎麼敢那麼說？）

❖ **attempt** 〔ə'tɛmpt〕 *v.* 嘗試（＝ *try* ） *n.* 嘗試

I *attempted* to leave but was stopped.

（我試著想離開，但卻被阻止。）

He failed in his *attempt* to swim the river.

（他嘗試游泳渡河但失敗了。）

❖ **endeavo(u)r** 〔ɪn'dɛvə〕 *v., n.* 努力

You must *endeavour* to improve your English.

（你必須努力使你的英文進步。）

All his *endeavour* proved unsuccessful.

（他所有的努力都白費了。）

❖ **adventure** 〔əd'vɛntʃə〕 *n.* 奇遇；冒險

······ adventurous *adj.*

I told them of my *adventures* in the mountains.

（我告訴他們我在山中的冒險故事。）

······ ‖‖‖‖程度 ★ 極端‖‖‖‖‖ ······

❖ **mere** 〔mɪr〕 *adj.* 不過；只 ······ merely *adv.*

He is a *mere* child.（他只不過是個小孩。）

❖ **further** 〔'fɝðə〕 *adj., adv.* 另外的；更進一步；更遠（far 的比較級）

Have you any *further* questions？

（你還有其他問題嗎？）

We inquired *further* into the matter.

（我們更進一步調查這件事。）

I can't walk any *further*.（我再也走不動了。）

◇ **halfway**〔'hæf'we〕*adj.* 中途的；不徹底的　*adv.* 中途地

　　Fire cannot be prevented by *halfway* measures.
　　（不徹底的措施無法避免火災的發生。）
　　The game was *halfway* over.
　　（這場比賽中途結束。）

◇ **extreme**〔ɪk'strim〕*adj.* 極端的（↔ *moderate*）

　　…… extremity〔ɪk'strɛmətɪ〕*n.* 極端；困境
　　He holds an *extreme* opinion on education.
　　（他對教育抱持極端的看法。）

◇ **ultimate**〔'ʌltəmɪt〕*adj.* 最終的

　　……同 final〔'faɪnl〕*adj.*　ultimately *adv.*
　　What is the *ultimate* purpose of education?
　　（教育的最終目的為何？）

◇ **intense**〔ɪn'tɛns〕*adj.* 強烈的　…… intensity *n.* 強度

　　The *intense* heat makes people feel drowsy.
　　（酷暑使人覺得昏昏欲睡。）
　　* drowsy〔'draʊzɪ〕*adj.* 想睡的

◇ **huge**〔hjudʒ〕*adj.* 巨大的（= *enormous*）

　　……反 tiny〔'taɪnɪ〕*adj.* 微小的
　　She lives in a *huge* house.（她住在一棟很大的房子裏。）

◇ **enormous**〔ɪ'nɔrməs〕*adj.* 巨大的（= *huge*）

　　…… enormously *adv.*
　　The new building is *enormous*.（這棟新的建築非常大。）

❖ **slight**〔slaɪt〕 *adj.* 輕微的　……slightly *adv.*

I have a ***slight*** fever.（我有輕微的發燒。）

❖ **subtle**〔'sʌtl̩〕 *adj.* 微妙的

……subtlety *n.*　 圖 delicate〔'dɛləkɪt〕 *adj.* 微妙的；精巧的

There's a ***subtle*** difference in meaning between the two words.（這二個字在意義上有細微的差異。）

❖ **trivial**〔'trɪvɪəl〕 *adj.* 瑣碎的

Why do you worry about such ***trivial*** matters？
（你為何要擔心如此瑣碎的事呢？）

❖ **extent**〔ɪk'stɛnt〕 *n.* 程度；範圍

……*to some extent* 某一程度

I agree with what you say *to some **extent***.
（在某些程度上我同意你的說法。）

What is the ***extent*** of the damage？
（受損的範圍有多大？）

❖ **badly**〔'bædlɪ〕 *adv.* 惡劣地；非常地

He ***badly*** wanted to get into the concert.
（他非常渴望去參加音樂會。）

❖ **moderate**〔'mɑdərɪt〕 *adj.* 溫和的；適度的

……圖 medium〔'midɪəm〕 *adj.*

The climate here is very ***moderate***.
（此地的氣候很溫和。）

······· ||||||||獲得 ★ 捕捉|||||||| ·······

❖ **obtain** 〔əb'ten〕 *v.* 獲得（＝*get*）　······ obtainable *adj.*

　　She *obtained* a good result.（她得到很好的成績。）

❖ **acquire** 〔ə'kwaɪr〕 *v.* 獲得（＝*gain*）

　　······ acquisition 〔ˏækwə'zɪʃən〕 *n.* 取得

　　I managed to *acquire* two tickets for the concert.
　　（我設法拿到了二張音樂會的票。）

❖ **grasp** 〔græsp〕 *v.* 抓住；理解

　　The drowning man *grasped* at the rope.
　　（那個快要溺死的人抓住了繩子。）

　　I was able to *grasp* the main points of the speech.
　　（我能理解這次演講的要點。）

❖ **arrest** 〔ə'rɛst〕 *v.* 逮捕（↔ *release*）

　　The policeman *arrested* the thief.
　　（警察逮捕了那名竊賊。）

　　* thief〔θif〕 *n.* 竊賊

❖ **capture** 〔'kæptʃɚ〕 *v.* 捕獲；俘虜（＝*catch*）

　　I *captured* butterflies with a net.（我用網子捉蝴蝶。）

❖ **seize**〔siz〕 *v.* 抓住　······ seizure〔'siʒɚ〕 *n.*

　　The policeman *seized* the boy by his arms.
　　（警察抓住那個男孩的手臂。）

REVIEW ④

（解答見 p.243）

1. I avoid_____in expensive hotels. 〔四技二專・保送甄試〕
   (A) stay
   (B) staying
   (C) to stay
   (D) to be staying

2. You must get your shoes_____. 〔保送甄試・四技工專〕
   (A) repair
   (B) repairing
   (C) repairs
   (D) repaired

3. _____a great extent success depends on hard work.
   (A) To
   (B) With   〔四技商專〕
   (C) By
   (D) On

4. To make something better is to_____it. 〔四技工專・
   (A) attain
   (B) obtain   四技商專〕
   (C) improve
   (D) proceed

5. She has no_____to chocolate. 〔北區夜二專・四技工專〕
   (A) resist
   (B) resisting
   (C) resistant
   (D) resistance

6. It_____rains in Taipei during the winters.〔師大工教〕
   (A) frequent
   (B) frequently
   (C) frequence
   (D) frequency

7. Anyone can_____the moral of the story by reading
   it just once. 〔北區夜二專〕
   (A) omit
   (B) slight
   (C) grasp
   (D) mend

······ ‖‖‖‖‖語言 ★ 對話‖‖‖‖‖· ·······

◇ **accent** 〔'æksɛnt 〕 *n*. 口音

He speaks English with a Chinese *accent*.
（他的英文帶有中國腔。）

◇ **dialect** 〔'daɪə,lɛkt 〕 *n*. 方言

They are speaking in *dialect*. （他們正在用方言交談。）

◇ **tongue** 〔 tʌŋ 〕 *n*. 舌；語言　······ *mother tongue* 母語

The child stuck out his *tongue* at me.
（這男孩向我伸舌頭。）
What is your *mother tongue*? （你的母語是什麼？）
＊ stick 〔 stɪk 〕 *v*. 伸出；使突出

◇ **linguistic** 〔 lɪŋ'gwɪstɪk 〕 *adj*. 語言的；語言學的
　　☞ language 〔'læŋgwɪdʒ 〕 *n*. 語言

He made a *linguistic* study of languages.
（他對數種語言做語言學方面的研究。）

◇ **vocabulary** 〔 vo'kæbjə,lɛrɪ 〕 *n*. 字彙

You need a large *vocabulary* to read that book.
（你看那本書需要很多字彙。）

◇ **sentence** 〔'sɛntəns 〕 *n*. 句子；判刑　　*v*. 判刑

This *sentence* is grammatically correct.
（這個句子在文法上是正確的。）
He was *sentenced* to death. （他被判處死刑。）
＊ grammatically 〔 grə'mætɪkəlɪ 〕 *adv*. 文法上

◇ **statement** 〔'stetmənt 〕 *n*. 陳述；聲明 ...... state *v*.

I don't believe the witness's *statement*.

（我不相信這位目擊者的說詞。）

◇ **dialog(ue)** 〔'daɪə,lɔg 〕 *n*. 對話

The writer is very good at writing *dialog*.

（這位作家非常擅於寫對白。）

◇ **response** 〔 rɪ'spɑns 〕 *n*. 回應 ...... respond *v*.

There was no *response* to my question.

（我的問題沒有得到回應。）

······· ‖‖‖‖‖停止 ★ 禁止‖‖‖‖‖ ·······

◇ **cease** 〔 sis 〕 *v*. 停止 (= *stop*)

At last they *ceased* working.（最後他們停止工作。）

◇ **quit** 〔 kwɪt 〕 *v*. 停止 (= *stop*)

He *quit* school last week.（他上星期輟學了。）

◇ **restrict** 〔 rɪ'strɪkt 〕 *v*. 限制 ...... restriction *n*.

Freedom of speech is *restricted* in some countries.

（言論自由在某些國家是受限制的。）

◇ **forbid** 〔 fə'bɪd 〕 *v*. 禁止

〔 forbade / forbad, forbidden 〕

You are *forbidden* to smoke in the classroom.

（你們不准在教室抽煙。）

◇ **abolish** 〔 ə'bɑlɪʃ 〕 *v*. 廢除

Slavery was ***abolished*** in England in 1834.

（英國於1834年廢除奴隸制度。）

◇ **ban** 〔 bæn 〕 *v*. 禁止　*n*. 禁令

The treaty ***bans*** the use of chemical weapons.

（該條約禁止化學武器的使用。）

After the accident, he was ***banned*** from driving.

（這次意外之後，他被禁止開車。）

There is a ***ban*** on smoking in the hospital.

（醫院裏禁止吸煙。）

悲傷★焦慮

◇ **sorrow** 〔 'sɑro 〕 *n*. 悲傷

…… 反 joy 〔 dʒɔɪ 〕 *n*. 歡樂　sorrowful *adj*.

He felt great ***sorrow*** when his wife died.

（他太太過世時，他感到非常悲傷。）

◇ **grief** 〔 grif 〕 *n*. 悲傷（＝ *sorrow* ）

…… grieve *v*.　grievous *adj*.

She went nearly mad with ***grief*** after her child died.

（她的孩子死後，她悲痛得近乎瘋狂。）

◇ **anxiety** 〔 æŋ'zaɪətɪ 〕 *n*. 焦慮　…… anxious *adj*.

Her husband's illness caused her great ***anxiety***.

（她先生的病使她非常憂慮。）

❖ **anxious** 〔 ˈæŋ(k)ʃəs 〕 *adj.* 憂慮的；渴望的

……同 worried〔ˈwɜːd〕 *adj.* 煩惱的　anxiety *n.*
　　be anxious about 擔心

She *was **anxious** about* her children's health.
（她很擔心子女的健康。）

She is ***anxious*** to go abroad. （她渴望能出國。）

❖ **sympathy** 〔ˈsɪmpəθɪ〕 *n.* 同情；同感

……反 antipathy 〔 ænˈtɪpəθɪ 〕 *n.* 反感；嫌惡
　　sympathize *v.*　sympathetic〔ˌsɪmpəˈθɛtɪk〕 *adj.*

I feel ***sympathy*** for people with that disease.
（我對於罹患那種疾病的人感到同情。）

❖ **nervous** 〔ˈnɜːvəs〕 *adj.* 緊張的；神經質的

…… nerve *n.* 神經；(*pl.*) 焦躁

She was ***nervous*** before the entrance exam.
（她在聯考前很緊張。）

❖ **uneasy** 〔 ʌnˈizɪ 〕 *adj.* 不安的(= *anxious*)

I sometimes get an ***uneasy*** feeling about the future.
（我有時對未來感到很不安。）

❖ **sensitive** 〔ˈsɛnsətɪv〕 *adj.* 敏感的　…… sensitivity *n.*

I am very ***sensitive*** to heat. （我對熱很敏感。）

‧‧‧‧‧‧‧ ‖‖‖‖看見 ★ 視覺‖‖‖‖‧ ‧‧‧‧‧‧‧

❖ **glance** 〔 glæns 〕 *v.*,*n.* 瞥見(= *glimpse*)

He ***glanced*** at his watch. （他看了一下手錶。）

✧ **glimpse** 〔 glɪmps 〕 *n.,v.* (= *glance*)

I only caught a *glimpse* of the thief.
（我只看到那個小偷一眼。）

✧ **witness** 〔'wɪtnɪs 〕 *v.* 目擊；看到　　*n.* 目擊者；證人

She *witnessed* the crime.（她目睹這項罪行。）
I was a *witness* of the accident.
（我是這件意外的目擊證人。）

✧ **overlook** 〔,ovə'lʊk 〕 *v.* 俯瞰；忽略

I liked the room *overlooking* the valley.
（我喜歡那間可以俯瞰山谷的房間。）

✧ **gaze** 〔 gez 〕 *v.* 凝視 (= *stare*)　　*n.* 凝視

She *gazed* affectionately at her children.
（她慈愛地凝視著她的孩子。）
I felt too ashamed to meet her *gaze*.
（我感到十分羞愧，不敢面對她的凝視。）
* affectionately 〔 ə'fɛkʃənɪtlɪ 〕 *adv.* 慈愛地

✧ **stare** 〔 stɛr 〕 *v.* 凝視

It's impolite to *stare* at people.
（瞪着別人看是不禮貌的。）

✧ **sightseeing** 〔'saɪt,siɪŋ 〕 *n.* 觀光；遊覽
‥‥‥ sightseer *n.* 觀光客
We went *sightseeing* in Hawaii.
（我們到夏威夷觀光。）

┈┈┈ ⅢⅢ明瞭 ★ 含糊 Ⅲ‖‖ ┈┈┈

◇ **plain**〔plen〕*adj.* 明白易懂的

He gives **plain**, simple explanations.
（他提出了明白而簡單的解釋。）

◇ **apparent**〔ə'pærənt〕*adj.* 明顯的（＝*obvious*）；表面上的
　…… apparently *adv.*

Her anxiey was **apparent** to everyone.
（她的焦慮很明顯，每個人都看得出來。）

◇ **obvious**〔'ɑbvɪəs〕*adj.* 明顯的（＝*evident*）
　…… obviously *adv.*

It was **obvious** that he was wrong.
（很明顯地，他錯了。）

◇ **evident**〔'ɛvədənt〕*adj.* 明白的（＝*apparent*）
　…… evidence *n.* 證據

It's **evident** that you told a lie.（很明顯地，你在說謊。）

◇ **vague**〔veg〕*adj.* 模糊的
　…… 同 dim〔dɪm〕*adj.*　　vaguely *adv.*

This paragraph is **vague**.（這段文章語意模糊。）
　* paragraph〔'pærə,græf〕*n.* 段落

◇ **obscure**〔əb'skjur〕*adj.* 含糊的
　…… 反 clear〔klɪr〕*adj.* 清楚的

The theme of the novel is very **obscure**.
（這篇小說的主題很模糊。）

❖ **probable** 〔ˈprɑbəbḷ〕 *adj.* 可能的

　　……反 improbable *adj.*　　probability *n.* 可能性

　　It is ***probable*** that she will come tomorrow.

　　（她明天可能會來。）

❖ **confuse** 〔kənˈfjuz〕 *v.* 使混亂；使困惑

　　…… confusion *n.*　　*confuse ~ with* … 把~與…弄混

　　I'm always ***confusing*** John *with* Paul.

　　（我總是把約翰和保羅弄混。）

　　I was completely ***confused*** by his questions.

　　（我完全被他的問題給搞糊塗了。）

❖ **confusion** 〔kənˈfjuʒən〕 *n.* 混亂　　…… confuse *v.*

　　To avoid ***confusion,*** the teams wore different colors.

　　（爲避免混淆，不同的隊伍穿不同顏色的衣服。）

　　…… ‖‖‖‖‖道德 ★ 眞理‖‖‖‖‖ ……

❖ **truth** 〔truθ〕 *n.* 事實（↔ *lie*）　　…… true *adj.*

　　I always try to tell the ***truth***.

　　（我總是想辦法要說實話。）

❖ **justice** 〔ˈdʒʌstɪs〕 *n.* 正義；公正（↔ *injustice*）；判決

　　…… justify *v.* 證明~合理、正當

　　We should try to treat everybody with ***justice***.

　　（我們應該試着用公正的態度對待每個人。）

　　The case should be settled in a court of ***justice***.

　　（這件案子應該交由司法審判。）

　　＊ settle 〔ˈsɛtḷ〕 *v.* 解決

◇ **reality** 〔rɪˈælətɪ〕 *n*. 現實；存在

　　…… 园 ideal〔aɪˈdɪəl,aɪˈdil〕*n.,adj.* 理想（的）　　real *adj*

　　realize〔ˈrɪə,laɪz〕*v*. 認知；了解；實現

　　Do you believe in the *reality* of God？

　　（你相信神的存在嗎？）

◇ **moral**〔ˈmɔrəl〕*adj*. 道德的（↔ *immoral*）　*n*. 寓意

　　…… morality〔mɔˈrælətɪ〕*n*. 道德

　　He lived a *moral* life.（他過着有操守的生活。）

　　Did you understand the *moral* of this story？

　　（你懂得這篇故事的寓意嗎？）

◇ **conscience**〔ˈkɑnʃəns〕*n*. 良心

　　…… conscientious〔,kɑnʃɪˈɛnʃəs〕*adj*.

　　You should act according to your *conscience*.

　　（你做事要憑良心。）

◇ **principle**〔ˈprɪnsəpl̩〕*n*. 原理；原則；主義

　　…… 同 law〔lɔ〕*n*.　　　*in principle* 原則上

　　I agree to the proposal *in principle*.

　　（我原則上同意這項提議。）

　　＊ proposal〔prəˈpozl̩〕*n*. 建議；提議

　　…… ‖‖‖‖‖ 嫌惡 ★ 輕蔑 ‖‖‖‖‖ ……

◇ **despise**〔dɪˈspaɪz〕*v*. 輕視

　　…… 园 respect〔rɪˈspɛkt〕*v.,n*. 尊敬

　　Don't *despise* a man because he is poor.

　　（不要因爲一個人窮就輕視他。）

❖ **insult** 〔 ɪn'sʌlt 〕 v. 侮辱　〔 'ɪnsʌlt 〕 n. 侮辱

The student *insulted* the teacher.
（這位學生侮辱師長。）

❖ **scorn** 〔 skɔrn 〕 v. 不屑；嘲笑　n. 輕蔑（ ＝ *contempt* ）
······ scornful *adj.*

Everyone on the committee *scorned* my suggestion.
（委員會中的每個人都嘲笑我的建議。）

❖ **contempt** 〔 kən'tɛmpt 〕 n. 輕蔑（ ↔ *respect* ）
······ contemptuous 〔 kən'tɛmptʃʊəs 〕 *adj.*

I feel nothing but *contempt* for such dishonest
behavior.（ 我對這種不誠實的行為很鄙視。）

❖ **hatred** 〔 'hetrɪd 〕 n. 憎恨
······ 反 affection 〔 ə'fɛkʃən 〕 n. 情愛；喜愛　　hate *v.*

Love is blind; so is *hatred*.
（愛是盲目的，恨也是。）

❖ **nuisance** 〔 'njusəns 〕 n. 討厭的人或事物
······ *make a nuisance of oneself* 使自己令人討厭

Never *make a nuisance of yourself*.
（絕不要使你自己令人討厭。）

❖ **resent** 〔 rɪ'zɛnt 〕 v. 厭惡；痛恨
······ resentment *n.*　　resentful *adj.*

He *resented* being called a coward.
（他痛恨被人叫做懦夫。）

❖ **notorious** 〔no'torɪəs〕 *adj.* 惡名昭彰的
  ☞ famous 〔'feməs〕 *adj.* 著名的 (有好的涵意)
The lake is ***notorious*** for its contamination.
(這座湖以其污染而惡名遠播 。)
  * contamination 〔kən,tæmə'neʃən〕 *n.* 污染

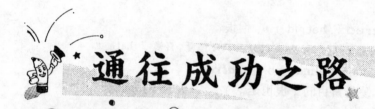

‖‖‖‖‖‖‖‖‖‖‖‖‖‖‖‖‖‖‖‖‖‖‖‖‖‖‖‖‖ **5** ‖‖‖‖‖‖‖‖‖‖‖‖‖‖‖‖‖‖‖‖‖‖‖‖‖‖‖‖‖‖‖‖
REVIEW **5**   (解答見 p.243)

1. A decayed tooth is very_____(sense) to heat and cold.
〔師大工教・北區夜二專〕

2. It is possible_____smoking. 〔保送甄試〕
   (A) quit   (B) invite
   (C) to invite   (D) to quit

3. I was_____for the result of my college entrance
   exam. 〔中區夜二專〕
   (A) awful   (B) anxious   (C) terrible   (D) avoidable

4. His sudden resignation_____all his colleagues.
   (A) confused   (B) glimpsed   〔師大工教〕
   (C) witnessed   (D) realized

5. I have no_____for someone who is not willing to
   work hard. 〔北區夜二專〕
   (A) sympathy   (B) truth
   (C) statement   (D) sense

6. It would be against my_____to do anything like
   that. 〔師大工教〕
   (A) conscious   (B) conscientious
   (C) conscience   (D) consciousness

7. Certain_____of life are really disturbing. 〔四技工專・
   (A) remark   (B) capacity   師大工教〕
   (C) detail   (D) realities

······· ⅢⅢ抗議 ★ 指責ⅢⅢ ·······

◇ **complain** 〔 kəmˋplen 〕 *v*. 抱怨　 ······ complaint *n*.

　　He ***complained*** that he couldnˊt find a job.

　　（他抱怨找不到工作。）

◇ **blame** 〔 blem 〕 *v*. 指責；歸咎

　　······ 反 praise〔prez〕*v*. 讚美

　　They ***blamed*** George for the failure.

　　（他們將失敗歸咎於喬治。）

◇ **accuse** 〔 əˋkjuz 〕 *v*. 指控

　　······ 反 defend〔dɪˋfɛnd〕*v*. 辯護　 accusation *n*.

　　　　accuse ~ of ··· 指控～從事···

　　The police ***accused*** him *of* murder.

　　（警方控告他謀殺。）

◇ **criticize** 〔ˋkrɪtə͵saɪz〕*v*. 批評　 ······ criticism *n*.

　　Youˊre always ***criticizing*** me！（你總是一直批評我。）

◇ **charge** 〔 tʃɑrdʒ 〕 *v*. 控告；索價　 *n*. 控告；索價；管理

　　The driver was ***charged*** with speeding.

　　（這位駕駛人被控超速。）

　　He was arrested on a ***charge*** of murder.

　　（他被控謀殺而遭逮捕。）

　　＊ speeding〔ˋspidɪŋ〕*n*. 超速

◇ **scold** 〔 skold 〕 *v*. 斥責

　　I was ***scolded*** by my teacher.（我被老師責罵。）

◇ **protest** 〔prəˈtɛst〕 *v.* 抗議　　〔ˈprotɛst〕 *n.* 抗議

They ***protested*** about the noise in the factory.
（他們抗議工廠的噪音。）

·······‖‖‖‖‖‖思考 ★ 想像‖‖‖‖‖‖‖·······

◇ **fancy** 〔ˈfænsɪ〕 *v., n.* 想像
······同 imagination 〔ɪ,mædʒəˈneʃən〕 *n.*

A dragon is a creature of ***fancy***.
（龍是想像中的動物。）

◇ **fantasy** 〔ˈfæntəsɪ〕 *n.* 幻想（= *imagination*）
······ fantastic 〔fænˈtæstɪk〕 *adj.*

He lives in a world of ***fantasy***.
（他活在幻想的世界裡。）

◇ **thoughtful** 〔ˈθɔtfəl〕 *adj.* 體貼的（↔ *thoughtless*）
······同 considerate 〔kənˈsɪdərɪt〕 *adj.*　　think *v.* 想；思考
　　thought *n.* 想法；思考

He's a very ***thoughtful*** person.（他是個很體貼的人。）

◇ **sensible** 〔ˈsɛnsəbl̩〕 *adj.* 明智的
······同 reasonable 〔ˈrizn̩əbl̩〕 *adj.*　　sense *n.* 理智；感覺
　　sensibility *n.* 感受力；敏感

His advice is always very ***sensible***.
（他的忠告總是很明智。）

◇ **wisdom** 〔ˈwɪzdəm〕 *n.* 智慧
······反 folly 〔ˈfalɪ〕 *n.* 愚笨　　wise 〔waɪz〕 *adj.*

He is a man of ***wisdom***.（他是個有智慧的人。）

······ ⫿⫿才能 ★ 智力⫿⫿⫿ ·······

◇ **excellent** 〔ˈɛksələnt〕 *adj.* 優秀的

‧‧‧‧‧‧ excel〔ɪkˈsɛl〕*v.* 勝過　　excellence *n.*

Your examination results are *excellent*.

（你的考試成績很優秀。）

◇ **smart**〔smɑrt〕*adj.* 聰明伶俐的

He is a very *smart* boy.（他是個聰明伶俐的男孩。）

◇ **fluent**〔ˈfluənt〕*adj.* 流暢的　　‧‧‧‧‧‧ fluency *n.*

She is *fluent* in English and French.

（她的英文和法文都很流利。）

◇ **capacity**〔kəˈpæsətɪ〕*n.* 才能；容量

‧‧‧‧‧‧ capacious〔kəˈpeʃəs〕*adj.* 寬敞的；容量大的

Understanding this book is beyond my *capacity*.

（我無法看懂這本書。）

◇ **faculty**〔ˈfækəltɪ〕*n.* 才能；能力

‧‧‧‧‧‧ 同 ability〔əˈbɪlətɪ〕*n.*

He has a *faculty* for making friends.

（他很會交朋友。）

◇ **capable**〔ˈkepəbl〕*adj.* 能幹的；能夠

‧‧‧‧‧‧ 同 competent〔ˈkɑmpətənt〕*adj.* 有能力的
capability *n.* 能力；才能　　*be capable of V-ing* 能夠做某事

Her brother is a very *capable* doctor.

（她哥哥是位很能幹的醫生。）

◇ **instinct** 〔'ɪnstɪŋkt 〕*n*. 本能
　…… instinctive 〔ɪn'stɪŋktɪv 〕*adj.* 本能的；天生的
　Birds have a homing ***instinct*** . (鳥類有歸巢的本能 。)
　* home 〔hom 〕*v.* 回家

◇ **potential** 〔pə'tɛnʃəl 〕*adj.* 有潛力的；可能的
　He is a ***potential*** leader. (他是個很有潛力的領導者 。)

◇ **intelligence** 〔ɪn'tɛlədʒəns 〕*n*. 智力；理解力
　…… intelligent *adj.*
　I think he has enough ***intelligence*** to understand it.
　(我認爲他有足夠的智慧可以了解它 。)

◇ **intelligent** 〔ɪn'tɛlədʒənt 〕*adj.* 聰明的；有才智的
　Human beings are much more ***intelligent*** than animals.
　(人類比動物聰明得多 。)

◇ **intellectual** 〔ˌɪntə'lɛktʃʊəl 〕*adj.* 智力的；用腦的
　n. 知識分子　　…… intellect 〔'ɪntlˌɛkt 〕*n*. 智能；知識分子
　Chess is a highly ***intellectual*** game.
　(下棋是一種極需用腦的遊戲 。)

　……… ||||||||生產 ★ 運輸|||||||· ……

◇ **material** 〔mə'tɪrɪəl 〕*n*. 材料；原料　*adj.* 物質的
　Building ***materials*** are expensive now.
　(建築材料現在很昂貴 。)

◇ **product** 〔'prɑdəkt〕 *n*. 產品

   ⋯⋯ produce〔prə'djus〕*v*. 製造

   This *product* is made in Italy.

   (這個產品是義大利製的 。)

◇ **production**〔prə'dʌkʃən〕*n*. 生產（量）

   ⋯⋯反 consumption〔kən'sʌmpʃən〕*n*. 消費　produce *v*.

   Production of rice has decreased.

   (稻米的產量已經減少 。)

   Mass *production* reduced the price of many goods.

   (大量生產降低了許多產品的價格 。)

◇ **freight**〔fret〕*n*. 貨運；貨物

   ⋯⋯同 cargo〔'kɑrgo〕*n*. 貨物

   That aircraft company deals in *freight* only.

   (該航空公司只經營貨運 。)

◇ **transportation**〔,trænspə'teʃən〕*n*. 運輸

   ⋯⋯ transport〔træns'port〕*v*. 〔'trænsport〕*n*.

   The *transportation* in that city is quite good.

   (該市的交通運輸相當良好 。)

◇ **load**〔lod〕*v*. 裝貨；堆積於　*n*. 負擔；負荷

   The men *loaded* the cargo into the trunk.

   (那些人把貨物裝運上車 。)

   She can't bear a heavy *load* of work.

   (她無法負荷沈重的工作 。)

……… ||||||方法 ★ 設備 |||||| ……

❖ **measure**〔'mɛʒɚ〕*v*. 測量　*n*. 措施
　He *measured* all his shelves.（他測量他所有的書架。）

❖ **fashion**〔'fæʃən〕*n*. 方法；流行
　…… 同 vogue〔vog〕*n*. 流行　　fashionable *adj*. 時髦的；流行的
　He behaves in a very strange *fashion*.
　（他的行為方式很奇特。）

❖ **device**〔dɪ'vaɪs〕*n*. 裝置
　…… devise〔dɪ'vaɪz〕*v*. 設計；發明
　This machine doesn't have a safety *device*.
　（這部機器沒有安全裝置。）

❖ **technique**〔tɛk'nik〕*n*. 技巧；技術
　…… technical〔'tɛknɪkl̩〕*adj*.
　That pianist is known for his remarkable *technique*.
　（那位鋼琴家以其出色的演奏技巧聞名。）
　* pianist〔pɪ'ænɪst〕*n*. 鋼琴家

❖ **facility**〔fə'sɪlətɪ〕*n*. 設施（常用複數形）；才能
　The university has excellent sports *facilities*.
　（那所大學有一流的體育設施。）

❖ **solution**〔sə'luʃən〕*n*. 解決方法
　…… solve〔salv〕*v*. 解決
　I finally found the *solution* to the problem.
　（我終於找到這個問題的解決方法。）

◇ **invention** 〔 ɪn'vɛnʃən 〕 *n*. 發明（物） ⋯⋯ invent *v*.

☞ discovery 〔 dɪ'skʌvərɪ 〕 *n*. 發現

The automobile is a wonderful *invention*.

（汽車是一項很棒的發明。）

◇ **clue** 〔 klu 〕 *n*. 線索

Have you found any *clues* to the problem?

（你發現這個問題的線索了嗎？）

◇ **machinery** 〔 mə'ʃinərɪ 〕 *n*. 機械（集合名詞）

⋯⋯ machine *n*.

Machinery uses a lot of electricity.

（機械要消耗大量的電力。）

◇ **handle** 〔 'hændḷ 〕 *v*. 應付；對付；處理 *n*. 把手

⋯⋯ 同 control 〔 kən'trol 〕 *v*. 控制

He *handles* horses well.（他對付馬很有一套。）

Parcels are *handled* at the next window.

（包裹的處理在隔壁窗口。）

* parcel 〔 'pɑrsḷ 〕 *n*. 包裹

◇ **operate** 〔 'ɑpə‚ret 〕 *v*. 操作；動手術

⋯⋯ operation *n*.   operator *n*.

No one can *operate* this machine.

（沒有人會操作這台機器。）

The surgeon *operated* on the patient.

（那位外科醫生替病人動手術。）

◇ **technology** 〔tɛkˈnɑlədʒɪ〕 *n*. 科技

　　…… technological 〔ˌtɛknəˈlɑdʒɪkḷ〕 *adj*.

　　Modern ***technology*** has made our lives more comfortable. (現代科技使我們的生活更舒適 。)

········ ‖‖‖‖‖‖積極 ★ 活力‖‖‖‖‖‖ ········

◇ **eager** 〔ˈigɚ〕 *adj*. 渴望的 ; 熱心的　　…… eagerness *n*.

　　She is ***eager*** to go abroad. (她渴望能出國 。)

◇ **earnest** 〔ˈɝnɪst〕 *adj*. 誠懇的 ; 認眞的

　　…… 同 serious 〔ˈsɪrɪəs〕 *adj*. 認眞的 ; 嚴肅的　　earnestness *n*. 認眞

　　He is a very ***earnest*** person. (他是個很誠懇的人 。)

◇ **ambitious** 〔æmˈbɪʃəs〕 *adj*. 有雄心的 ; 有抱負的

　　…… ambition *n*. 抱負 ; 志向

　　He is ***ambitious*** to make a name as a writer.
　　(他很有雄心 , 想要成爲名作家 。)

◇ **vivid** 〔ˈvɪvɪd〕 *adj*. 生動的

　　…… 同 lively 〔ˈlaɪvlɪ〕 *adj*. 有生氣的　　vividness *n*.

　　He has a very ***vivid*** imagination.
　　(他的想像力十分生動豐富 。)

◇ **vigorous** 〔ˈvɪgərəs〕 *adj*. 有活力的 ; 激烈的

　　…… vigo(u)r *n*. 活力

　　We had a very ***vigorous*** debate. (我們的辯論很激烈 。)

　　＊ debate 〔dɪˈbet〕 *n*. 辯論

❖ **keen**〔kin〕*adj.* 敏銳的；熱心的

　　……同 sharp〔ʃɑrp〕*adj.* 敏銳的　　反 dull〔dʌl〕*adj.* 遲鈍的
　　be keen on ～ 熱衷於

　　A dog has a *keen* ear.（狗的聽覺很敏銳。）

　　He *is keen on* science.（他熱衷於科學。）

❖ **marvel(l)ous**〔'mɑrvl̩əs〕*adj.* 奇妙的；卓越的

　　…… marvel *n.* 令人驚異之事　　*v.* 驚異

　　What a *marvelous* sight!（多麼奇妙的一景啊！）

❖ **aggressive**〔ə'grɛsɪv〕*adj.* 侵略的；積極的

　　……反 defensive〔dɪ'fɛnsɪv〕*adj.* 防禦的

　　He is an *aggressive* player.（他是個積極的選手。）

❖ **enthusiasm**〔ɪn'θjuzɪ,æzəm〕*n.* 熱心；狂熱

　　…… enthusiastic〔ɪn,θjuzɪ'æstɪk〕*adj.*

　　The new teacher is full of *enthusiasm*.
　　（這個新老師充滿教學熱忱。）

……… ⅢⅢⅢ粗野 ★ 粗暴ⅢⅢⅢ …………

❖ **cruel**〔'kruəl〕*adj.* 殘酷的　　…… cruelty *n.*

　　Don't be *cruel* to animals.（對待動物不可殘酷。）

❖ **rude**〔rud〕*adj.* 無禮的；粗魯的

　　……反 polite〔pə'laɪt〕*adj.* 禮貌的　　rudely *adv.*

　　It is *rude* to laugh at others.
　　（嘲笑別人是很無禮的。）

❖ **savage** 〔'sævɪdʒ〕 *adj.* 野蠻的；粗暴的

　……反 civilized 〔'sɪvḷˌaɪzd〕 *adj.* 文明的

There are still some ***savage*** tribes on that island.

（那座島上還有一些野蠻部落。）

❖ **fierce** 〔fɪrs〕 *adj.* 兇猛的；激烈的

A ***fierce*** dog attacked the girl.

（有一隻兇猛的狗攻擊那個女孩。）

They were having a ***fierce*** argument.

（他們起了激烈的爭執。）

補習到學習・處處享第一!!

① 不作假升學率，誠實第一。
② 延攬王牌名師，師資第一。
③ 學費全國最低，眞心第一。
④ 不收抽煙學生，素質第一。
⑤ 敎室寬敞舒適，安全第一。

⑥ 環境乾淨清潔，衛生第一。
⑦ 免費供礦泉水，健康第一。
⑧ 考後詳解制度，效率第一。
⑨ 無息助學貸款，優惠第一。
⑩ 百萬元獎學金，回饋第一。

REVIEW 6

（解答見p.243）

1. Alexander Graham Bell_____the telephone in 1876.
   (A) lists (B) invented 〔保送甄試·
   (C) discover (D) exercise 師大工教〕

2. Besides gathering and storing information, the computer can also s_____e complicated problems.〔彰化師大〕

3. Mechanical engineers are the experts in_____.
   (A) culture (B) humanities 〔保送甄試〕
   (C) machinery (D) music

4. Among the different forms of_____, the airplane is the fastest. 〔北區夜二專·中區夜二專〕
   (A) transaction (B) cooperation
   (C) organization (D) transportation

5. The young man has always worked_____(ambition).
   〔師大工教·保送甄試〕

6. Those who won the Nobel Prizes must be extremely intelligent. 〔四技商專·北區夜二專〕
   (A) industrious (B) gentle (C) clever (D) practical

7. The students are full of_____about their food in the cafeteria. 〔北區夜二專〕
   (A) regret (B) sympathy (C) apologies (D) complaints

8. The situation is too complicated. I can't_____it. 〔四技商專〕
   (A) solve (B) handle (C) predict (D) accept

······ ‖‖‖‖爭議 ★ 討論‖‖‖‖‖ ·······

◇ **argue** 〔'ɑrgjʊ〕*v.* 爭論；討論（= *discuss*）

······ argument *n.*

They are always *arguing* about money.

（他們總是爲錢而爭吵。）

◇ **discuss** 〔dɪ'skʌs〕*v.* 討論　······ discussion *n.*

We *discussed* what to do and where to go.

（我們討論要做什麼事以及要去哪裏。）

◇ **dispute** 〔dɪ'spjut〕*v.* 爭論　*n.* 爭執

We *disputed* for hours about what to write.

（我們爭論了好幾個鐘頭，討論該寫什麼。）

◇ **argument** 〔'ɑrgjəmənt〕*n.* 辯論；議論

There are many *arguments* against smoking.

（有很多反對吸煙的議論。）

······ ‖‖‖‖特徵 ★ 殊異‖‖‖‖‖ ·······

◇ **typical** 〔'tɪpɪkḷ〕*adj.* 典型的　······ type〔taɪp〕*n.* 典型；類型

He is a *typical* American.（他是典型的美國人。）

◇ **peculiar** 〔pɪ'kjuljɚ〕*adj.* 特有的

······ peculiarity〔pɪˌkjulɪ'ærətɪ〕*n.* 奇異；特點

This custom is *peculiar* to Arabia.

（這種習俗是阿拉伯特有的。）

❖ **characteristic** 〔,kærɪktə'rɪstɪk〕 *adj.* 獨特的(=*typical*)
　　n. 特徵　⋯⋯ character〔'kærɪktə〕*n.* 品格；角色
　　That kind of behavior is *characteristic* of the boy.
　　（那種行為是這個男孩的特色。）

❖ **exception** 〔ɪk'sɛpʃən〕*n.* 例外
　　⋯⋯ except *v., prep.*　exceptional *adj.*
　　There's no rule without *exception.*
　　（凡是規則必有例外。）

❖ **alien** 〔'eljən〕*adj.* 不同性質的；不相容的　*n.* 外國人
　　Those ideas are *alien* to our way of thinking.
　　（那些想法和我們的思考方式格格不入。）
　　A Chinese is an *alien* in the United States.
　　（中國人在美國是外國人。）

❖ **differ** 〔'dɪfə〕*v.* 相異；意見不合
　　⋯⋯ difference *n.*　different *adj.*
　　Their way of living *differs* from ours.
　　（他們的生活方式和我們不同。）
　　The twin brothers are alike in appearance, but *differ*
　　in character.
　　（這對雙胞胎兄弟外表相像，但個性不同。）

❖ **vary** 〔'vɛrɪ〕*v.* 改變
　　⋯⋯ 同 change〔tʃendʒ〕*v.*　variation〔,vɛrɪ'eʃən〕*n.*
　　variable *adj.*
　　Wedding customs *vary* from country to country.
　　（結婚禮俗因國而異。）

······ ‖‖‖‖‖刺激 ★ 態度‖‖‖‖‖ ······

◇ **affect** 〔əˈfɛkt〕 *v*. 感動；影響 ······ affection *n*. 感情；感動
She was deeply *affected* by the news of his death.
（他死去的消息使她深感悲傷。）
Smoking *affects* health.（吸煙會影響健康。）

◇ **bore** 〔bor, bɔr〕 *v*. 令人厭煩 ······ boring *adj*.
His long speech *bored* everyone.
（他的長篇大論使每個人都覺得煩。）

◇ **stir** 〔stɝ〕 *v*. 激起；攪拌
The news *stirred* everyone's sympathy.
（這則新聞激起了每個人的同情心。）

◇ **blush** 〔blʌʃ〕 *v*. 臉紅
He *blushed* with shame.（他因為羞愧而臉紅。）

◇ **stimulate** 〔ˈstɪmjə, let〕 *v*. 刺激；激勵
······ stimulation *n*.   stimulus 〔ˈstɪmjələs〕 *n*. 興奮劑；刺激(物)
That lecture really *stimulated* me.
（那次演講的確激勵了我。）

◇ **hesitate** 〔ˈhɛzə, tet〕 *v*. 猶豫 ······ hesitation *n*.
We don't *hesitate* to recommend her.
（我們毫不猶豫地推薦她。）
She *hesitated* before picking up the phone.
（她在拿起聽筒前猶豫了一下。）
 * recommend 〔, rɛkəˈmɛnd〕 *v*. 推薦

❖ **selfish** 〔'sɛlfɪʃ〕*adj.* 自私的
    She is a *selfish* person.（她是個很自私的人。）

❖ **strict** 〔strɪkt〕*adj.* 嚴格的 …… 同 stern〔stɜn〕*adj.*
    The teacher is *strict* with his students.
    （那老師對學生很嚴格。）

❖ **severe** 〔sə'vɪr〕*adj.* 嚴厲的（= *strict*)
    …… 反 mild〔maɪld〕*adj.* 溫和的
    His criticisms were very *severe*.
    （他的批評非常嚴苛。）

……… ‖‖‖‖‖ 錯失 ★ 障礙 ‖‖‖‖‖ ………

❖ **apologize** 〔ə'pɑlə‚dʒaɪz〕*v.* 道歉
    …… apology〔ə'pɑlədʒɪ〕*n.*
    I *apologized* to her for stepping on her foot.
    （我因為踩到她的腳而向她道歉。）

❖ **false** 〔fɔls〕*adj.* 錯誤的；假的（↔ *true*)
    …… 同 wrong〔rɔŋ〕*adj.*   falsehood *n.*
    Do you think her story is *false*?
    （你覺得她說的話是假的嗎？）

❖ **harmful** 〔'hɑrmfəl〕*adj.* 有害的（↔ *harmless*)
    …… harm *v.*‚*n.*
    Smoking is *harmful* to health.（吸煙對健康有害。）
    Drinking too much will do you a lot of *harm*.
    （飲酒過度對你會有很大的傷害。）

❖ **failure** 〔'feljɚ〕 *n.* 失敗

‥‥‥ 反 success 〔sək'sɛs〕 *n.* 成功　　fail *v.*

end in failure 終歸失敗

His plans *ended in failure*. (他的計畫終歸失敗。)

❖ **fault** 〔fɔlt〕 *n.* 缺點；過失

‥‥‥ 同 defect 〔dɪ'fɛkt, 'difɛkt〕 *n.*　　*find fault with* ~ 挑剔~

She is always *finding fault with* her husband.

(她總是挑剔她的丈夫。)

❖ **obstacle** 〔'ɑbstəkḷ〕 *n.* 障礙

‥‥‥ 同 difficulty 〔'dɪfə͵kʌltɪ〕 *n.* 困難

The scandal was an *obstacle* to his promotion.

(這件醜聞對他的升遷是一道障礙。)

＊ scandal 〔'skændḷ〕 *n.* 醜聞

❖ **burden** 〔'bɝdṇ〕 *n.* 負擔；重任

That responsibility is a *burden* to him.

(那項責任對他而言是一大負擔。)

❖ **stain** 〔sten〕 *v.* 沾污　　*n.* 污點

White clothes *stain* easily. (白色的衣服容易弄髒。)

His reputation was *stained* by this scandal.

(這件醜聞沾污了他的聲譽。)

She has an ink *stain* on her blouse.

(在她的襯衫上有墨水污痕。)

＊ blouse 〔blaʊs〕 *n.* 女用襯衫

······ ‖‖‖聲音 ★ 運動 ‖‖‖ ······

◇ **chat** 〔tʃæt〕*v., n.* 聊天；閒談

They *chatted* about the weather. （他們在談論天氣 。）

We had a *chat* over tea yesterday.

（我們昨天泡茶聊天 。）

◇ **whisper** 〔'hwɪspɚ〕*v., n.* 低聲而語；耳語

What did she *whisper* to you? （她低聲告訴你什麼 ？）

She spoke to me in a *whisper*. （她小聲地跟我說話 。）

◇ **pronounce** 〔prə'naʊns〕*v.* 發音；宣告

······ pronunciation 〔prə,nʌnsɪ'eʃən〕*n.*

Pronounce this word. （請念出此字的發音 。）

The priest *pronounced* them man and wife.

（牧師宣告他們成為夫妻 。）

◇ **roar** 〔rɔr〕*v.* 吼叫；轟隆作響 *n.* 吼叫聲；轟隆聲

The lion began to *roar* as we approached.

（當我們接近時 ，獅子開始吼叫 。）

The jet *roared* during takeoff.

（噴射機起飛時轟隆作響 。）

Did you hear a *roar* of the lions?

（你有沒有聽到獅子的吼叫聲 ？）

＊ takeoff 〔'tek,ɔf〕*n.* 起飛

◇ **scream** 〔skrim〕*n., v.* 尖叫

Didn't you hear a *scream*? （你沒有聽到尖叫聲嗎 ？）

The girl *screamed* for help. （那個女孩大聲尖叫求救 。）

◇ **aim** 〔em〕*v.* 瞄準＜*at*＞；志在　　*n.* 目的

He *aimed at* the target and fired.

（他瞄準目標，然後開槍。）

What is your *aim* in life?

（你的人生目標是什麼？）

＊ target 〔'tɑrgɪt〕*n.* 目標

◇ **cast** 〔kæst〕*v.* 投；擲〔cast, cast〕

The fishermen *cast* their nets into the sea.

（漁夫撒網下海。）

◇ **slip** 〔slɪp〕*v.* 滑行；悄悄地～　　*n.* 滑倒

I *slipped* and fell on the icy sidewalk.

（我在冰凍的人行道上滑倒。）

She *slipped* into the room without being seen.

（她悄悄地溜進房間而沒被看到。）

His broken arm was the result of a *slip* on the ice.

（他滑倒在冰上而跌斷手臂。）

◇ **revolve** 〔rɪ'vɑlv〕*v.* 周轉；旋轉

……revolution 〔͵rɛvə'luʃən〕*n.* 旋轉；革命

The moon *revolves* around the earth.

（月球繞地球旋轉。）

A *revolution* against the government broke out.

（一場反政府的革命爆發了。）

◇ **wander** 〔'wɑndɚ〕*v.* 徘徊；漫遊　　……wandering *n., adj.*

We *wandered* round the shopping center.

（我們在購物中心閒逛。）

······ ‖‖‖‖‖‖ 手工 ★ 舉動 ‖‖‖‖‖‖ ······

◇ **sew** 〔so〕 *v.* 縫級〔sewed, sewed / sewn〕

······ *sewing machine* 縫衣機

Her mother *sewed* a skirt for her.

（她母親替她縫製一件裙子。）

◇ **weave** 〔wiv〕 *v.* 編織〔wove, woven〕

My grandmother likes to *weave* things.

（我祖母很喜歡編織東西。）

◇ **squeeze** 〔skwiz〕 *v.* 擠壓

I *squeezed* the juice out of the oranges.

（我從柑橘中榨出果汁。）

◇ **grind** 〔graɪnd〕 *v.* 磨碎〔ground, ground〕

They *ground* wheat into flour.

（他們把小麥磨成麵粉。）

◇ **wrap** 〔ræp〕 *v.* 包裝 ······ 反 unwrap *v.* 打開（包裝）

The salesgirl *wrapped* the gift for me.

（那位女店員幫我把禮物包起來。）

◇ **sign** 〔saɪn〕 *v.* 簽名；做手勢 *n.* 手勢；記號

He *signed* the check. （他在支票上簽名。）

She *signed* to me to say nothing.

（她做手勢告訴我別說話。）

The teacher made a *sign* to us to be quiet.

（老師比了一個手勢叫我們安靜。）

◇ **behave** 〔bɪ'hev〕 *v.* 舉動；舉止

　　……回 act〔ækt〕*v.*　behavio(u)r *n.*

　　She *behaved* with great courage.

　　（她的行爲非常勇敢。）

　　＊ courage〔'kɝɪdʒ〕*n.* 勇氣

◇ **imitate** 〔'ɪmə,tet〕 *v.* 模仿　……imitation *n.*

　　The children tried to *imitate* their teacher.

　　（孩子們試著去模仿他們的老師。）

◇ **decorate** 〔'dɛkə,ret〕 *v.* 裝飾　……decoration *n.*

　　·The streets were *decorated* with colorful flags.

　　（街道上裝飾著五彩繽紛的旗子。）

　　　　……… ⫽⫽⫽⫽文化 ★ 其他⫽⫽⫽⫽ ………

◇ **copy** 〔'kɑpɪ〕 *n.* 影印；複本；（報紙等的）一份

　　I asked her to make four *copies* of the letter.

　　（我請她把這封信影印四份。）

◇ **article** 〔'ɑrtɪkl̩〕 *n.* 文章；物品　…… *leading article* 社論

　　Have you read the *leading article* in today's paper?

　　（你看過今天報紙的社論了嗎？）

◇ **issue** 〔'ɪʃʊ,'ɪʃjʊ〕 *n.* 發行（物）；問題　*v.* 發行

　　The TV program often raises new *issues*.

　　（這個電視節目常提出新的問題。）

　　The magazine is *issued* weekly.

　　（這份雜誌每週發行。）

✧ **item** 〔′aɪtəm〕 *n.* 項目；新聞

Please check all the *items* on this list.
（請檢查名單上所有的項目。）

✧ **reference** 〔′rɛfərəns〕 *n.* 言及；參考
…… refer 〔rɪ′fɝ〕 *v.*

She made *references* to World War Ⅱ in her speech.
（她在演講中提到了第二次世界大戰。）
These books are for *reference* only.
（這些書籍僅供參考。）

✧ **treasure** 〔′tʃɛʒɚ〕 *n.* 寶藏　…… treasury *n.* 寶庫

It is said that *treasure* is buried in this area.
（據說此地埋有寶藏。）

✧ **infant** 〔′ɪnfənt〕 *n.* 嬰兒　…… infancy *n.* 幼年

The young woman was carrying an *infant* in her arms.
（這位少婦手裏抱著一個嬰兒。）

✧ **voyage** 〔′vɔɪ·ɪdʒ〕 *n.* 航海；旅行

I enjoyed the *voyage* across the Pacific.
（我很喜歡橫越太平洋的航行。）

✧ **affair** 〔ə′fɛr〕 *n.* 事件　…… 同 matter 〔′mætɚ〕 *n.*

It's a terrible *affair*.
（這件事真恐怖。）

REVIEW ⑦

（解答見 p.243）

1. His ideas were_____from mine.〔四技二專・師大工教〕
   (A) differ
   (B) differing
   (C) difference
   (D) different

2. Our government has adopted_____measures to speed up economic recovery.〔北區夜二專〕
   (A) stimulate
   (B) stimulant
   (C) stimulation
   (D) stimulative

3. We had a nice long_____with each other.〔保送甄試・四技工專〕
   (A) chat
   (B) speak
   (C) treat
   (D) exhibition

4. When you are sorry for having done something wrong to your friend, you a_____e to him.〔師大工教〕

5. They spent much money for the_____of their new house.〔四技商專〕
   (A) decorate
   (B) decoration
   (C) decorative
   (D) decorated

6. The dictionary is a useful r_____e tool.〔彰化師大〕

7. In the United States, Los Angeles is the city most regularly_____by air pollution.〔彰化師大〕
   (A) effected
   (B) affected
   (C) effecting
   (D) affecting

STEP 2

········ ‖‖‖‖‖ 表達 ★ 指示 ‖‖‖‖‖ ········

❖ **advise** 〔 əd'vaɪz 〕*v*. 勸告　　······ advice 〔 əd'vaɪs 〕*n*.

The doctor *advised* me to take more exercise.
（醫生勸我多做運動。）

❖ **warn** 〔 wɔrn 〕*v*. 警告

······ 回 caution〔'kɔʃən〕*v*.　　warning *n*.

The radio *warned* us of the possibility of flooding.
（收音機的廣播警告我們可能會有洪水。）

* flooding〔'flʌdɪŋ〕*n*. 洪水；氾濫

❖ **mention** 〔'mɛnʃən〕*v*. 提及　　*n*. 言及

He *mentioned* your name to me.
（他向我提起過你的名字。）

There is a short *mention* about our school in the
newspaper.（報紙上很簡短地提到我們學校。）

❖ **remark** 〔 rɪ'mɑrk 〕*v*. 談到；說（＝*say*）　　*n*. 意見

She *remarked* that she would be late for the party.
（她說舞會中她可能會遲到。）

He's always making ironic *remarks*.
（他的意見總是帶著嘲諷。）

* ironic〔aɪ'rɑnɪk〕*adj*. 諷刺的

❖ **express** 〔 ɪk'sprɛs 〕 v. 表達　n. 快車；限時專送

⋯⋯ 反 conceal 〔 kən'sil 〕 v. 隱藏　expression n.
expressive adj.　**by express** 搭快車；限時專送

I can't **express** how grateful I am.
（我無法表達我是多麼地感謝。）
I went to Tainan on the 9:30 **express**.
（我搭九點半的快車前往台南。）

❖ **describe** 〔 dɪ'skraɪb 〕 v. 描寫；敘述

⋯⋯ description 〔dɪ'skrɪpʃən〕 n.

He **described** exactly what had happened.
（他詳實地描述究竟發生了什麼事。）

❖ **indicate** 〔 'ɪndə,ket 〕 v. 指示；顯示　⋯⋯ indication n.

Snow **indicates** the coming of winter.
（下雪表示冬天來了。）

❖ **represent** 〔 ,rɛprɪ'zɛnt 〕 v. 表示；代表

⋯⋯ representation n.　representative n., adj.

The blue lines on the map **represent** rivers.
（地圖上的藍線表示河流。）
He **represented** his class at the meeting.
（他在會議中代表他的班級。）

⋯⋯⋯ ‖‖‖‖ 基礎 ★ 根本 ‖‖‖‖ ⋯⋯⋯

❖ **basis** 〔 'besɪs 〕 n. 基礎；根據　⋯⋯ basic adj.　base n.

There is no scientific **basis** for these claims.
（這些說法沒有科學根據。）

❖ **basic** 〔'besɪk 〕 *adj.* 基本的 (= *fundamental*)

…… base *n.*

Our ***basic*** problem is the lack of know-how.
(我們的根本問題在於缺乏專門技術 。)

＊ know-how 〔'no,haʊ 〕 *n.* 知識；技術

❖ **foundation** 〔 faʊn'deʃən 〕 *n.* 基礎；根據；設立

…… found *v.*

The rumor was completely without ***foundation***.
(這項謠言完全沒有根據 。)

❖ **fundamental** 〔 ,fʌndə'mɛntl̩ 〕 *adj.* 基本的 (= *basic*)

The government must make ***fundamental*** changes in
their policies.
(政府在施政方針方面必須做基本上的改變 。)

……… ⫼⫼⫼交通 ★ 工具⫼⫼⫼ ………

❖ **wheel** 〔 hwil 〕 *n.* 方向盤；輪子

…… *take the wheel* 駕駛

You look tired. Shall I *take the* ***wheel*** ?
(你看起來很累 , 要不要我來開車?)

❖ **vessel** 〔'vɛsl̩ 〕 *n.* 船；容器

We caught sight of a war ***vessel*** in the distance.
(我們看見遠方有一艘軍艦 。)

Empty ***vessels*** make the most sound.
(<諺>空的容器最會響 。)

❖ **vehicle** 〔'viːkl̩ , 'vihɪkl̩ 〕 *n.* 車輛

There are always a lot of *vehicles* on this road.
（這條路上的車輛總是很多 。）

❖ **carriage** 〔'kærɪdʒ 〕 *n.* 馬車；鐵路客車廂
 …… carry *v.* 運送

These are not first-class *carriages*.
（這些並不是頭等車廂 。）
 * first-class 〔'fɜst'klæs 〕 *adj.* 頭等的

❖ **stick** 〔 stɪk 〕 *n.* 棍棒；拐杖　　*v.* 黏貼；伸出

My grandfather cannot walk without a *stick*.
（我的祖父沒有拐杖不能走路 。）

❖ **scale** 〔 skel 〕 *n.* 規模；量尺；尺度

The government was reorganized on a large *scale*.
（政府經過了大規模的重組 。）

The Centigrade *scale* is used in Taiwan.
（在台灣我們使用攝氏刻度表 。）

❖ **instrument** 〔'ɪnstrəmənt 〕 *n.* 樂器；儀器
 …… instrumental 〔,ɪnstrə'mɛntl̩ 〕 *adj.*

What *instruments* can you play?
（你會彈奏什麼樂器？ ）

A doctor's *instruments* must be kept absolutely clean.
（醫生的器具必須絕對保持乾淨 。）
 * absolutely 〔'æbsəlutlɪ 〕 *adv.* 絕對地

❖ **thermometer** 〔θɚˋmɑmətɚ〕 *n*. 溫度計

The *thermometer* reads 10°C.

（溫度計上顯示是10°C 。）

❖ **equipment** 〔ɪˋkwɪpmənt〕 *n*. 裝備；設備 ······ equip *v*.

How much does this hospital *equipment* cost?

（這家醫院的設備要花多少錢？）

······ ⅢⅢ迷人 ★ 舒適ⅢⅢ ······

❖ **fascinate** 〔ˋfæsə͵net〕 *v*. 使着迷

······ 同 charm 〔tʃɑrm〕 *v*., *n*.   fascination *n*.

The audience were *fascinated* by his speech.

（聽衆聽了他的演講都十分着迷 。）

* audience 〔ˋɔdɪəns〕 *n*. 觀衆；聽衆

❖ **attract** 〔əˋtrækt〕 *v*. 吸引（＝ *charm* ）

······ attraction *n*.   attractive *adj*.

He was *attracted* by her smile.

（他被她的微笑所吸引 。）

❖ **impress** 〔ɪmˋprɛs〕 *v*. 使印象深刻；使感動

······ impression *n*.

We were very *impressed* by his new book.

（我們對他的新書印象深刻 。）

❖ **attractive** 〔əˋtræktɪv〕 *adj*. 吸引人的

······ attract *v*.   attraction *n*.

The idea is very *attractive*. （這個想法很吸引人 。）

❖ **cozy** 〔'kozɪ 〕 *adj.* 溫暖舒適的

The room had a nice ***cozy*** feel.
（這個房間有一種很美好舒適的感覺。）

❖ **tidy** 〔'taɪdɪ 〕 *adj.* 整潔的（↔ *untidy*）

His room is always ***tidy***.（他的房間總是很整潔。）

❖ **recreation** 〔,rɛkrɪ'eʃən 〕 *n.* 娛樂；消遣

Playing chess is my only ***recreation***.
（下棋是我唯一的娛樂。）

＊ chess 〔 tʃɛs 〕 *n.* 西洋棋

❖ **pastime** 〔 'pæs,taɪm 〕 *n.* 消遣

Stamp collecting is my favorite ***pastime***.
（集郵是我最喜歡的消遣。）

❖ **neat** 〔 nit 〕 *adj.* 整潔的（＝ *tidy*）

She always keeps her room ***neat*** and tidy.
（她總是把房間保持得很整潔。）

········ ‖‖‖‖‖物質 ★ 存在‖‖‖‖‖ ·······

❖ **object** 〔'ɑbdʒɪkt 〕 *n.* 物體；目的　〔 əb'dʒɛkt 〕 *v.* 反對；抗議

······ objection *n.* 反對；異議　　objective *adj.* 物體的；客觀的

There were various ***objects*** in the room.
（房間裡有各種物品。）

The painting was the ***object*** of admiration.
（這幅畫是眾人讚賞的對象。）

＊ admiration 〔,ædmə'reʃən 〕 *n.* 讚賞

❖ **substance** 〔 ′sʌbstəns 〕 *n*. 物質；實質

······ 同 matter 〔′mætə〕 *n*.   substantial 〔səb′stænʃəl〕*adj*.實際的

His speech lacked in **substance**.

（他的演說缺乏實質內涵。）

❖ **cell** 〔 sɛl 〕 *n*. 細胞

The medication has been able to slow down the growth of the cancer **cells** in his body.

（藥物治療已經能夠減緩他體內癌細胞的生長。）

＊ medication 〔ˌmɛdɪ′keʃən〕 *n*.藥物治療

❖ **growth** 〔 groθ 〕 *n*. 成長；增加   ······ grow *v*.

The **growth** in population is very rapid in developing countries. （開發中國家的人口成長非常迅速。）

❖ **existence** 〔 ɪg′zɪstəns 〕 *n*. 存在   ······ exist *v*.

I do not believe in the **existence** of God.

（我不相信上帝的存在。）

❖ **electricity** 〔 ɪˌlɛk′trɪsətɪ 〕 *n*. 電

······ electric 〔 ɪ′lɛktrɪk 〕 *adj*.

These machines are all run by **electricity**.

（這些機械都必須有電力才能操作。）

❖ **artificial** 〔 ˌɑrtə′fɪʃəl 〕 *adj*. 人造的

······ 反 natural 〔′nætʃərəl〕 *adj*. 天然的

I don't like **artificial** flowers.（我不喜歡人造花。）

❖ **exist** 〔 ɪg′zɪst 〕 *v*. 存在   ······ existence *n*.

Does life **exist** on other planets？

（其他行星上有生命的存在嗎？）

◇ **era** 〔ˈɪrə〕 *n*. 時代

The invention of the transistor introduced a new *era* in the world of electronics.

（電晶體的發明爲電子世界帶來新紀元。）

* transistor 〔trænˈzɪstə〕 *n*. 電晶體
  electronics 〔ɪˌlɛkˈtrɑnɪks〕 *n*. 電子技術

······· ‖‖‖要求 ★ 慾望‖‖‖‖ ·······

◇ **intend** 〔ɪnˈtɛnd〕 *v*. 打算 < *to* >   ······ intention *n*.

I *intend* to visit the temple next week.
（我打算下週要去參觀那座寺廟。）

◇ **desire** 〔dɪˈzaɪr〕 *v*. 渴望   *n*. 慾望   ······ desirable *adj*.

Everybody *desires* happiness. （人人都渴望幸福。）

He has expressed a *desire* to attend the meeting.
（他已經表達了他想參加此會議的願望。）

◇ **demand** 〔dɪˈmænd〕 *v*. 要求   *n*. 要求；需要
······ demanding *adj*. 強求的   反 supply 〔səˈplaɪ〕 *v*., *n*. 供給

He *demanded* a replacement for the broken part.
（他要求破損的部分要換新的。）

There is a great *demand* for teachers in this town.
（這個城鎮非常需要教師。）

◇ **require** 〔rɪˈkwaɪr〕 *v*. 需要；要求
······ 同 need 〔nid〕 *v*., *n*.   requirement *n*.

This kind of work *requires* a lot of patience.
（這種工作需要很大的耐性。）

◇ **emphasize** 〔 'ɛmfə,saɪz 〕 *v*. 強調

⋯⋯ emphasis 〔 'ɛmfəsɪs 〕 *n*.　　emphatic 〔 ɪm'fætɪk 〕 *adj*.

He *emphasized* the importance of peace.

（他強調和平的重要。）

◇ **intention** 〔 ɪn'tɛnʃən 〕 *n*. 意圖；意向　　⋯⋯ intend *v*.

I've got no *intention* of changing my mind.

（我不打算改變心意。）

◇ **appetite** 〔 'æpə,taɪt 〕 *n*. 食慾

Tom had no *appetite* because of his illness.

（因爲生病，湯姆沒有食慾。）

◇ **curious** 〔 'kjʊrɪəs 〕 *adj*. 好奇的

⋯⋯ curiosity 〔 ,kjʊrɪ'ɑsətɪ 〕 *n*. 好奇心

Children are *curious* about everything.

（小孩子對任何事都感到好奇。）

◇ **claim** 〔 klem 〕 *v*., *n*. 要求；主張（＝*demand* ）

You must *claim* your money back if the goods are
defective.（如果貨物有瑕疵的話，你必須要求退款。）

* defective 〔 dɪ'fɛktɪv 〕 *adj*. 有瑕疵的

⋯⋯⋯‖‖‖‖‖急切 ★ 頃刻‖‖‖‖‖⋯⋯⋯

◇ **urgent** 〔 'ɝdʒənt 〕 *adj*. 迫切的；緊急的

⋯⋯ urge *v*.　　urgency *n*.

There is an *urgent* message for you.

（有你的緊急消息。）

❖ **sudden** 〔'sʌdn̩〕 *adj.* 突然的　……… suddenly *adv.*

There was a *sudden* change of plan.
（計畫突然有了改變 。）

❖ **temporary** 〔'tɛmpə,rɛrɪ〕 *adj.* 暫時的
……… 反 permanent 〔'pɝmənənt〕 *adj.* 永久的

His solution was only a *temporary* one.
（他的解決辦法只是暫時的 。）

❖ **immediate** 〔ɪ'midɪɪt〕 *adj.* 即刻的 ；直接的
……… immediately *adv.*

I want an *immediate* reply.
（我要立刻得到答覆 。）

The *immediate* cause of his failure was lack of
preparation. （他失敗的直接原因是缺乏準備 。）

❖ **instant** 〔'ɪnstənt〕 *n.* 瞬間　 *adj.* 即刻的

The *instant* I saw him I knew he was angry.
（我一看到他 ，就知道他在生氣 。）

I am in *instant* need of help.
（我急需援助 。）

REVIEW ⑧

（解答見p.243）

1. " Thank you " is a very important_____. 〔保送甄試〕
   (A) impression   (B) expression
   (C) function   (D) friction

2. I am sure he didn't_____(intentional) to be insulting
   to anyone. 〔師大工教・保送甄試〕

3. Pianos and violins are musical i_____ts. 〔師大工教・
   北區夜二專〕

4. Please now dispatch the first part of this order by air,
   as these are_____required by customers. 〔四技商專〕
   (A) urgently   (B) urgent   (C) urgency   (D) urge

5. Chemists make different kinds of <u>artificial</u> material like
   plastic and nylon. 〔四技商專〕
   (A) beautiful   (B) useful   (C) natural   (D) man-made

6. The silicon chip has revolutionized_____. 〔保送甄試〕
   (A) electronics   (B) electricity
   (C) transistor   (D) X-ray

7. I plan to find a_____job during the summer vacation.
   (A) forever   (B) temporary   〔北區夜二專〕
   (C) enthusiastic   (D) financial

8. Special spotlights make meat and vegetable displays
   more_____. 〔保送甄試〕
   (A) attract   (B) attracted   (C) attractive   (D) attraction

······ ‖‖‖‖驚訝 ★ 恐怖‖‖‖ ·······

◇ **amaze** 〔ə'mez〕 v. 使驚訝
   ······ 同 surprise 〔sə'praɪz〕 v., n.　　amazement n.
   I was *amazed* by the news.（這個消息使我很驚訝。）

◇ **astonish** 〔ə'stɑnɪʃ〕 v. 使震驚（＝*amaze*）
   ······ astonishment n.
   I was *astonished* by his ignorance.
   （他的無知令我吃驚。）

◇ **thrill** 〔θrɪl〕 v. 使震顫；使激動　　n. 震顫；激動
   ······ 同 excite 〔ɪk'saɪt〕 v.　　thrilling adj.
   It was a *thrill* for me to visit Paris.
   （對我來說去巴黎是一件很刺激的事。）
   Everyone was *thrilled* by his story.
   （每一個人都被他的故事嚇了一跳。）

◇ **frighten** 〔'fraɪtn̩〕 v. 使驚恐；恐嚇　　······ fright n.
   The boys were *frightened* by the big dog.
   （男孩們被那條大狗嚇到。）

◇ **tremble** 〔'trɛmbl̩〕 v. 震顫；發抖
   She was *trembling* with fear.（她害怕得發抖。）

······ ‖‖‖‖通行 ★ 過程‖‖‖ ·······

◇ **track** 〔træk〕 n. 踪跡（＝*trace*）；路線
   I followed the deer's *tracks*.（我追踪這隻鹿的足跡。）

◇ **passage** 〔'pæsɪdʒ〕 *n.* 通行；通路;(文章的)一節 …… pass *v.*

There is no *passage* for big vehicles here.
（此處大型車禁止進入 。）

This is the *passage* to the sea.（這是到海邊的通路 。）

◇ **process** 〔'prɑsɛs〕 *n.* 過程；進行

…… proceed〔prə'sid〕*v.* 繼續進行　*in process of* ～ 在～過程中

The new bridge is *in process of* construction.
（新橋在建築中 。）

◇ **previous** 〔'priviəs〕 *adj.* 先前的　…… previously *adv.*

He said he had come to Japan the *previous* week.
（他說他上星期已經來過日本 。）

◇ **following** 〔'fɑləwɪŋ〕 *adj.* 以下的；其次的

…… 反 preceding〔prɪ'sidɪŋ〕*adj.* 在前的
　　　foregoing〔for'goɪŋ〕*adj.* 前述的　follow〔'fɑlo〕*v.* 跟隨；接著

The *following* is a summary of the President's speech.
（以下是總統演說的摘要 。）

＊ summary〔'sʌmərɪ〕*n.* 摘要

◇ **evolution** 〔,ɛvə'luʃən〕 *n.* 進化

…… evolve〔ɪ'vɑlv〕*v.* 進化；演變

He doubts Darwin's theory of *evolution*.
（他對達爾文的進化論有懷疑 。）

◇ **trace** 〔 tres 〕 *n.* 踪跡；足跡

Is there any *trace* of the missing child？
（有沒有那名失踪孩童的踪跡？ ）

◇ **grade** 〔 gred 〕 *n.* 等級；成績

He's not in the top *grade* as a musician.
（他並不是頂尖的音樂家。）
I got good *grades* last semester.
（我上學期的成績很好。）
* top 〔 tɑp 〕 *adj.* 最高的；頂上的

◇ **gradually** 〔 'grædʒʊəlɪ 〕 *adv.* 逐漸地；漸次地
······ gradual *adj.*
The sky *gradually* brightened.　（天空逐漸亮起來了。）
* brighten 〔 'braɪtn 〕 *v.* 使明亮

······ ‖‖‖死亡 ★ 醫療‖‖‖· ·······

◇ **suicide** 〔 'suə,saɪd 〕 *n.* 自殺　······ *commit suicide* 自殺
The popular singer *committed suicide*.
（那個很受歡迎的歌星自殺了。）

◇ **funeral** 〔 'fjunərəl 〕 *n.* 葬禮
Many people attended his *funeral*.
（很多人參加他的喪禮。）

◇ **bury** 〔 'bɛrɪ 〕 *v.* 埋葬　······ burial 〔 'bɛrɪəl 〕 *n.* 葬禮
He was *buried* in this graveyard.
（他葬在這個墓園裏。）

◇ **tomb** 〔 tum 〕 *n.* 墳墓
I wonder who's buried in that *tomb*.
（我想知道誰葬在那個墳墓。）

◇ **grave** 〔 grev 〕 *n*. 墓穴　　*adj*. 重大的
　……同 important 〔 ɪmˈpɔrtn̩t 〕 *adj*. 重要的
　　　gravity 〔ˈɡrævətɪ 〕 *n*. 嚴肅；地心引力
The boy dug a *grave* for his dead pet.
（男孩給他死去的寵物挖了一個墳墓 。）
There will be *grave* decisions to be made in the
meeting.（這次會議將要達成重要決議 。）

◇ **ghost** 〔 ɡost 〕 *n*. 鬼魂
Do you believe in *ghosts*？（你相信有鬼嗎？）

◇ **soul** 〔 sol 〕 *n*. 靈魂；人
His speech was lacking in *soul*.
（他的演說缺乏靈魂 。）
There wasn't a *soul* in sight.（連一個人影都沒有 。）

◇ **disease** 〔 dɪˈziz 〕 *n*. 疾病　　……同 illness〔ˈɪlnɪs 〕 *n*.
She's suffering from a serious *disease*.
（她正罹患重病 。）
　＊ *suffer from* 爲～所苦

◇ **medicine** 〔ˈmɛdəsn̩ 〕 *n*. 藥；醫學
　……同 drug 〔 drʌɡ 〕 *n*. 藥物　　medical *adj*.
Be sure to take *medicine* three times a day.
（請務必要每天服三次藥 。）
His major is clinical *medicine*.
（他主修臨床醫學 。）
　＊ *take medicine* 吃藥　　major 〔ˈmedʒɚ 〕 *n*. 主修科目
　　clinical 〔ˈklɪnɪk̩l 〕 *adj*. 臨床的

❖ **medical** 〔'mɛdɪkl̩〕*adj.* 醫學的　……medicine *n.*

He is a professor of the *medical* department.
（他是醫學系的教授。）

❖ **ambulance** 〔'æmbjələns〕*n.* 救護車

Please call an *ambulance* for me.
（請替我叫救護車。）

❖ **treatment** 〔'tritmənt〕*n.* 治療；對待　……treat *v.*

My mother is now under medical *treatment* in the
hospital.（我母親現在正住院接受治療。）
Foreigners get special *treatment* in that country.
（外國人在那個國家受到特別待遇。）
　＊ foreigner〔'fɔrɪnɚ〕*n.* 外國人

❖ **remedy** 〔'rɛmədɪ〕*n.* 治療；治療藥（＝*cure*）

What is the best *remedy* for colds?
（感冒的最佳療法是什麼?）

❖ **operation** 〔,ɑpə'reʃən〕*n.* 手術；操作　……operate *v.*

The *operation* was performed by Dr. Bell.
（那次手術是由貝爾醫生操刀。）
The *operation* of this computer is a complicated
process.（這部電腦的操作過程很複雜。）
　＊ complicated〔'kɑmplə,ketɪd〕*adj.* 複雜的

❖ **pain** 〔pen〕*n.* 疼痛；痛苦　……painful *adj.*

He was crying with *pain* when he broke his leg.
（他跌斷腳時，因疼痛而哭喊。）

◇ **fever** 〔'fivə〕 *n.* 發燒

…… feverish 〔'fivərɪʃ〕 *adj.* 發燒的；狂熱的

I had a very high *fever*.（我發高燒。）

◇ **ache** 〔ek〕 *n.* 疼痛（＝*pain*） *v.* 疼痛

☞ headache 〔'hɛd,ek〕 *n.* 頭痛　　toothache 〔'tuθ,ek〕 *n.* 牙痛
stomachache 〔'stʌmək,ek〕 *n.* 胃痛

I've got a bit of an *ache* in my back.
（我的背有一點痛。）

◇ **cancer** 〔'kænsə〕 *n.* 癌症

He's got *cancer* in his lung.（他得了肺癌。）

* lung 〔lʌŋ〕 *n.* 肺

·······‖‖‖‖測量 ★ 方位‖‖‖‖·······

◇ **height** 〔haɪt〕 *n.* 高度　　…… high *adj.*

What's the *height* of that building？
（那棟建築物有多高？）

◇ **width** 〔wɪdθ〕 *n.* 寬度　　…… wide 〔waɪd〕 *adj.*

What is the *width* of the shelf？
（架子的寬度多少？）

◇ **length** 〔lɛŋkθ, lɛŋθ〕 *n.* 長度　　…… long 〔lɔŋ〕 *adj.*

The *length* of this ship is 30 meters.
（這艘船長三十公尺。）

* meter 〔'mitə〕 *n.* 公尺

⬦ **depth** 〔 dɛpθ 〕 *n.* 深度　　…… deep 〔 dip 〕 *adj.*

What is the *depth* of the lake?

（這個湖有多深？）

⬦ **weight** 〔 wet 〕 *n.* 重量　　…… weigh *v.*

You seem to have gained some *weight*.

（你好像胖了一點。）

⬦ **strength** 〔 strɛnθ, strɛŋkθ 〕 *n.* 力量

…… 反 weakness 〔'wiknɪs 〕 *n.* 弱點　　strong 〔 strɔŋ 〕 *adj.* 強壯的

strengthen 〔'strɛŋθən 〕 *v.* 加強

His *strength* is much greater than that of an ordinary

man. （他的力氣比一般人大得多。）

＊ ordinary 〔'ɔrdn̩,ɛrɪ, 'ɔrdnɛrɪ 〕 *adj.* 普通的

⬦ **parallel** 〔'pærə,lɛl 〕 *adj.* 平行的　　*n.* 類似處；匹敵者

…… 反 vertical 〔'vɜtɪkl̩ 〕 *adj.* 垂直的

The promenade is *parallel* to the shore.

（這條步道與海岸平行。）

There are few *parallels* between the cases.

（這些個案之間很少有類似之處。）

＊ promenade 〔,prɑmə'ned 〕 *n.* 散步道

⬦ **angle** 〔'æŋgl̩ 〕 *n.* 角度；觀點

An *angle* of 90 degrees is called a right angle.

（九十度角稱為直角。）

It may help to look at the problem from another

angle. （從另外一個觀點來看問題也許會有所幫助。）

❖ **square**〔skwɛr〕*n.*正方形；廣場　　*adj.*正方形的；公正的

He drew two *squares* on the blackboard.

（他在黑板上畫了兩個正方形。）

There are many pigeons in the city *square*.

（市區廣場上有許多鴿子。）

* pigeon〔ˈpɪdʒən〕*n.* 鴿子

❖ **degree**〔dɪˈgri〕*n.* 程度（＝*extent*）；度；學位

The students have different *degrees* of ability.

（學生的能力程度不同。）

Water freezes at 0 *degree* Centigrade.

（水在攝氏零度結冰。）

❖ **span**〔spæn〕*n.* 全長；(有限的)時間，期間

The bridge has a *span* of 100 meters.

（這座橋全長一百公尺。）

❖ **vertical**〔ˈvɜtɪkl̩〕*adj.* 垂直的

…… 反 horizontal〔ˌhɑrəˈzɑntl̩〕*adj.* 水平的

The lake is surrounded by *vertical* cliffs.

（這座湖四周都是垂直的斷崖。）

* cliff〔klɪf〕*n.* 懸崖

‧‧‧‧‧‧‧ ‖‖‖‖‖領域 ★ 地區‖‖‖‖‖‧‧‧‧‧‧‧

❖ **region**〔ˈridʒən〕*n.* 地區（＝*district*）

…… regional *adj.*

There were storms in that *region* of the country.

（該國的那個地區有暴風雨。）

❖ **district** 〔'dɪstrɪkt〕 *n.* 地區 (= *region*)

He traveled through the northern ***district*** this summer. (他今年夏天遊遍了北部地區。)

* northern 〔'nɔrðən〕 *adj.* 北方的

❖ **territory** 〔'tɛrə,torɪ, -,torɪ〕 *n.* 領土；地帶 (= *region*)

······ territorial 〔,tɛrə'torɪəl〕 *adj.*

That island is American ***territory***.
(那座島嶼是美國的領土。)

❖ **border** 〔'bɔrdɚ〕 *n.* 境界 ······圓 boundary 〔'baʊndərɪ〕 *n.*

They crossed the ***border*** into Spain.
(他們越過邊界進入西班牙。)

❖ **range** 〔rendʒ〕 *n.* 山脈；範圍 *v.* 排列；分布

What's the name of that mountain ***range***?
(那座山脈的名稱為何？)

Cars are now available in a wide price ***range***.
(目前各種價位的車子都可買得到。)

The students ***range*** in age from 18 to 25.
(學生年齡的分布從18到25歲。)

❖ **section** 〔'sɛkʃən〕 *n.* 部門；部份；(文章的)節

He works in the planning ***section***.
(他在企劃部工作。)

His shop is in a busy ***section*** of town.
(他的商店位於鎮上的鬧區。)

◇ **domestic** 〔 dəˈmɛstɪk 〕 *adj.* 家庭的；國內的

······ domesticate 〔 dəˈmɛstəˌket 〕 *v.* 馴養；家庭化

A housewife has many *domestic* duties.

（家庭主婦有許多家務事。）

The government's *domestic* policy was announced.

（政府的國內政策已經公布。）

◇ **abroad** 〔 əˈbrɔd 〕 *adv.* 在國外

······ 反 home 〔 hom 〕 *adv.* 在家　　***go abroad*** 出國

He lived *abroad* for many years.（他住在國外多年。）

◇ **community** 〔 kəˈmjunətɪ 〕 *n.* 社區；團體

She did it for the good of the *community*.

（她這麼做是爲了團體的利益。）

◇ **colony** 〔ˈkɑlənɪ 〕 *n.* 殖民地　　······ colonial 〔 kəˈlonɪəl 〕 *adj.*

France used to have many *colonies* in Africa.

（法國在非洲曾經有許多殖民地。）

◇ **edge** 〔 ɛdʒ 〕 *n.* 邊緣

Don't put the glass near the *edge* of the table.

（不要把玻璃杯放在桌子邊。）

······· ‖‖‖‖部分 ★ 整體‖‖‖‖ ·······

◇ **entire** 〔 ɪnˈtaɪr 〕 *adj.* 全部的；整個的（↔ *partial* ）

······ 同 whole 〔 hol 〕 *adj.*　　　entirely *adv.*

We spent the *entire* day on the beach.

（我們在海灘度過一整天。）

◇ **partial** 〔'pɑrʃəl〕 *adj.* 部分的；偏袒的＜*to*＞
　　……反 total〔'totḷ〕*adj.* 全部的　　　part *n.* 部分
　　It was only a *partial* success. (這只是部分成功 。)
　　He is always *partial to* the company of girls.
　　(他總是偏袒女生組 。)

◇ **superficial** 〔,supəˈfɪʃəl〕*adj.* 表面的；膚淺的
　　…… superficially *adv.*
　　He has only a *superficial* knowledge of English.
　　(他對英文只有很淺的認識 。)

◇ **focus** 〔'fokəs〕*n.* 焦點　……*be in focus* 對準焦距
　　This picture of Paul isn't in *focus*.
　　(保羅的這張照片焦距沒對好 。)

◇ **surface** 〔'sɝfɪs〕*n.* 表面
　　That desert looks like the *surface* of the moon.
　　(那沙漠看起來像月球表面 。)

◇ **entirely** 〔 ɪnˈtaɪrlɪ 〕*adv.* 整個地；全部地
　　…… 同 completely〔kəmˈplitlɪ〕*adv.*
　　He is *entirely* wrong. (他完全錯了 。)

　　　　……||||||||破壞 ★ 爆炸||||||||……

◇ **ruin** 〔'ruɪn〕*v.* 毀滅　　*n.* 廢墟；毀滅
　　He *ruined* his health by working too hard.
　　(他因工作過度而弄壞了身體 。)
　　The town fell into *ruin*. (這座城鎮淪為廢墟 。)

❖ **burst** 〔 bɝst 〕 v. 爆炸；突然；脹裂〔 burst, burst 〕

The bomb burst. （炸彈爆炸了。）

When she heard the bad news, she *burst* into tears.
（聽到這個壞消息，她突然放聲大哭。）

❖ **explode** 〔 ɪk'splod 〕 v. 爆炸

‥‥‥ explosion *n.*　　explosive *adj.* 爆炸的　*n.* 炸藥

A steam boiler may *explode* under negligence.
（蒸氣鍋爐如有疏忽可能會爆炸。）

* steam〔 stim 〕*n.* 蒸氣　boiler〔'bɔɪlɚ〕*n.* 汽鍋
negligence〔'nɛglədʒəns〕*n.* 疏忽

❖ **spoil** 〔 spɔɪl 〕 v. 損害〔 spoiled／spoilt, spoiled／spoilt〕

‥‥‥同 damage〔'dæmɪdʒ〕*v.,n.*

The bad weather *spoilt* many vegetables.
（天氣惡劣使得許多蔬菜受損。）

Too many cooks *spoil* the broth.
（＜諺＞廚師太多，反而破壞肉湯——人多手雜。）

* broth〔 brɔθ 〕*n.* 肉湯

❖ **rumo(u)r** 〔'rumɚ〕 *n.* 謠言　*v.* 謠傳

The *rumor* spread throughout the country.
（這個謠言散布到全國。）

It's *rumored* that they're going to get married.
（據謠傳他們要結婚了。）

REVIEW 9

(解答見 p.243)

1. A mosquito is a common carrier of_____. 〔四技工專・
   (A) insect   (B) honey   四技商專〕
   (C) disease   (D) plant

2. A vehicle equipped for transporting sick or injured people
   is an **a**_____**ce**. 〔師大工教〕

3. It is_____known that Mr. Wang is a great poet.
   (A) wide   (B) width   〔四技商專〕
   (C) widely   (D) widen

4. Exercise keeps our body_____. 〔保送甄試〕
   (A) strong   (B) strongly   (C) strength   (D) strengthen

5. About three-fourths of the earth's_____is covered
   by water. 〔保送甄試・師大工教〕
   (A) atmosphere   (B) ocean
   (C) space   (D) surface

6. Like the eye, the lens can_____light from an object
   onto the film. 〔保送甄試・中區夜二專〕
   (A) delight   (B) take   (C) control   (D) focus

7. John is about six feet in_____. 〔保送甄試〕
   (A) height   (B) weight
   (C) conclusion   (D) measurement

8. We are going to take_____flight to Tainan. 〔四技商專〕
   (A) a patriotic   (B) a downtown
   (C) an artificial   (D) a domestic

······ ‖‖‖‖相處 ★ 態度‖‖‖‖· ·······

❖ **responsible** 〔 rɪˈspɑnsəb!̩ 〕 *adj.* 負責任的＜ *to*；*for* ＞
（ ↔ *irresponsible* ） ····· responsibility *n.*
I am *responsible for* the mistake.
（我要爲這個錯誤負責 。）

❖ **modest** 〔ˈmɑdɪst 〕 *adj.* 謙虛的
····· modesty 〔ˈmɑdəstɪ 〕 *n.*
She is *modest* about her achievement.
（她對自己的成就很謙虛 。）

❖ **polite** 〔 pəˈlaɪt 〕 *adj.* 有禮貌的（ ↔ *impolite* ）
····· politeness *n.*
Be *polite* to your parents. （對父母親要有禮貌 。）

❖ **attitude** 〔ˈætə,tjud 〕 *n.* 態度
She had an unfriendly *attitude*.
（她的態度很不友善 。）

❖ **cope** 〔 kop 〕 *v.* 應付＜ *with* ＞
The company couldn't *cope with* sudden changes.
（這家公司無法應付突然發生的變化 。）

❖ **tolerate** 〔ˈtɑlə,ret 〕 *v.* 容忍
····· tolerance *n.*　　tolerable *adj.* 可容忍的　　tolerant *adj.* 寬容的
I cannot *tolerate* noisy children.
（我無法容忍吵鬧的小孩 。）

◇ **compromise**〔'kɑmprə,maɪz〕*v.,n.* 妥協

I *compromised* with her on the point.

（在這一點上我和她妥協。）

◇ **apology**〔ə'pɑlədʒɪ〕*n.* 道歉　⋯⋯ apologize *n.*

I must make an *apology* to her.（我必須向她道歉。）

◇ **grateful**〔'gretfəl〕*adj.* 感謝的

⋯⋯圓 thankful〔'θæŋkfəl〕*adj.*　　gratitude〔'grætə,tjud〕*n.*

I was most *grateful* to Nick for his kindness.

（我對尼克的好意非常感激。）

◇ **acquaint**〔ə'kwent〕*v.* 認識；精通

⋯⋯ acquaintance *n.* 認識；知道；熟人

be〔get〕*acquainted with* ~ 認識

We *are acquainted with* each other.（我們彼此認識。）

◇ **bold**〔bold〕*adj.* 大膽的

⋯⋯圓 brave〔brev〕*adj.*　　反 cowardly〔'kaʊədlɪ〕*adj.* 膽怯的

boldness *n.*

Climbing the cliff alone is a *bold* deed.

（單獨攀登這座斷崖是很大膽的行為。）

＊ deed〔did〕*n.* 行為

⋯⋯⋯|||||||||| 結合 ★ 參加 |||||||||| ⋯⋯⋯

◇ **participate**〔pə'tɪsə,pet〕*v.* 參加< *in* >

⋯⋯ participation *n.*

I *participated* in the contest.（我參加了那場比賽。）

◇ **attach** 〔 ə'tætʃ 〕 v. 貼上；附上
‧‧‧‧‧‧ 反 detach 〔 dɪ'tætʃ 〕 v. 分離　　attachment *n.*

Attach the photograph to your application form.
（請把你的照片貼在申請表格上。）

◇ **absorb** 〔 əb'sɔrb 〕 v. 吸收
‧‧‧‧‧ absorption *n.*　　*be absorbed in ～* 專注於～

A sponge *absorbs* liquids.（海綿會吸收液體。）
I *was absorbed in* a book and didn't hear you call.
（我太專注看書，沒聽到你的招呼。）

＊ sponge 〔 spʌndʒ 〕 *n.* 海綿

◇ **fasten** 〔 'fæsn̩ 〕 v. 固定；繫住
‧‧‧‧‧‧ 反 unfasten v.　　fastener *n.*

She *fastened* the medal with a pin.
（她用別針把徽章別好。）

＊ medal 〔 'mɛdl̩ 〕 *n.* 徽章

◇ **unite** 〔 jʊ'naɪt 〕 v. 合併；結合　　‧‧‧‧‧‧ union *n.*

The two countries were *united* under one government.
（這兩個國家合併爲一個政府。）

◇ **connect** 〔 kə'nɛkt 〕 v. 連結；聯想
‧‧‧‧‧‧ 同 join 〔 dʒɔɪn 〕 v.　　connection *n.*

This road *connects* the two cities.
（這條路連結了兩個都市。）

We usually *connect* Americans with freedom.
（我們總是把美國人和自由聯想在一起。）

◇ **combine** 〔 kəm'baɪn 〕 *v*. 結合；合併

⋯⋯ combination *n*.

They *combined* forces to fight the enemy.

（他們合力對抗敵人。）

* enemy 〔 'ɛnəmɪ 〕 *n*. 敵人

◇ **mixture** 〔 'mɪkstʃɚ 〕 *n*. 混合　⋯⋯ mix *v*.

Mixture of the three primary colors creates black.

（把三原色混合就會變成黑色。）

* primary 〔 'praɪmərɪ 〕 *adj*. 主要的

◇ **balance** 〔 'bæləns 〕 *n*. 平衡；均衡

Due to a lack of *balance* the ship turned over.

（這艘船因不平衡而翻覆。）

* *turn over* 翻覆

◇ **combination** 〔 ˌkɑmbə'neʃən 〕 *n*. 結合；聯合

⋯⋯ combine *v*.

A *combination* of parties formed the new government.

（多黨聯合起來組成新政府。）

⋯⋯⋯⋯ ‖‖‖‖ 個性 ★ 品格 ‖‖‖‖ ⋯⋯⋯⋯

◇ **patience** 〔 'peʃəns 〕 *n*. 耐性（ ↔ *impatience* ）

⋯⋯ patient *adj*.

We need a lot of *patience* when we study.

（我們唸書時需要很大的耐性。）

❖ **personality** 〔͵pɝsn̩'ælətɪ〕 *n.* 個性；人格

 …… personal 〔'pɝsn̩l〕 *adj.* 個人的；私人的

He has a strong *personality*. （他的個性倔強。）

❖ **virtue** 〔'vɝtʃʊ〕 *n.* 美德；優點

 …… 反 vice 〔vaɪs〕 *n.* 邪惡；缺點   virtuous *adj.*

  by virtue of ～ 憑藉

He is a man of *virtue*. （他是一個有品德的人。）

His plan has both *virtues* and drawbacks.

（他的計畫有優點也有缺點。）

He got the job *by virtue of* his father's connections.

（他憑藉父親的關係而得到這份工作。）

  ＊ drawback 〔'drɔ͵bæk〕 *n.* 缺點

❖ **dignity** 〔'dɪgnətɪ〕 *n.* 尊嚴

 …… dignify 〔'dɪgnə͵faɪ〕 *v.* 使尊貴   dignified *adj.*

He always acts with great *dignity*.

（他的行為總是很莊重。）

❖ **stubborn** 〔'stʌbən〕 *adj.* 堅定的；頑固的

 …… 同 obstinate 〔'ɑbstənɪt〕 *adj.*

He is as *stubborn* as a donkey. （他像驢子一樣頑固。）

❖ **noble** 〔'nobl̩〕 *adj.* 高貴的

She is a woman of *noble* birth.

（她是一名出身高貴的女子。）

❖ **reliable** 〔rɪ'laɪəbl̩〕 *adj.* 可信賴的；可靠的

 …… rely 〔rɪ'laɪ〕 *v.*

She is a *reliable* person. （她是個可靠的人。）

❖ **diligent** 〔'dɪlədʒənt 〕 *adj.* 勤勉的
······ 同 industrious 〔 ɪn'dʌstrɪəs 〕 *adj.*
   反 lazy 〔'lezɪ 〕 *adj.* 懶惰的   diligence *n.*

Though he's not clever, he's a ***diligent*** worker.
（雖然他不聰明，但他很勤奮工作。）

❖ **confidence** 〔'kɑnfədəns 〕 *n.* 自信
······ 同 self-reliance 〔'sɛlfrɪ'laɪəns〕 *n.*   confident *adj.*

Tom lacks ***confidence*** in himself.
（湯姆對自己缺乏信心。）

······ ||||||||| 擴大 ★ 移動 |||||||||· ······

❖ **multiply** 〔'mʌltə,plaɪ 〕 *v.* 增加；繁殖
······ multiplication 〔,mʌltəplə'keʃən 〕 *n.*

The store ***multiplied*** five branches in Taipei this year.
（那家店今年在台北增設五家分店。）
Mice ***multiply*** rapidly.（老鼠繁殖得很快。）
* branch 〔 bræntʃ 〕 *n.* 分店

❖ **stretch** 〔 strɛtʃ 〕 *v.*,*n.* 伸展
I always ***stretch*** my leg muscles before playing tennis.
（我打網球前總要先伸展腿部肌肉。）

❖ **exaggerate** 〔 ɪg'zædʒə,ret 〕 *v.* 誇張
······ exaggeration *n.*
He ***exaggerated*** his experience.
（他誇大自己的經驗。）

◇ **extend** 〔 ɪk'stɛnd 〕 *v*. 延長

…… extension *n*.　　extensive *adj*. 廣泛的

The city *extended* the bus route 10 kilometers
further.（該市把公車路線多延長了十公里 。）

＊ route 〔 rut , raʊt 〕 *n*. 路線　　kilometer 〔 'kɪlə,mitə 〕 *n*. 公里

◇ **expand** 〔 ɪk'spænd 〕 *v*. 擴展　　…… expansion *n*.

The business has *expanded* by 50 percent this year.
（今年業務擴展了百分之五十 。）

◇ **deliver** 〔 dɪ'lɪvə 〕 *v*. 遞送；發表　　…… delivery *n*.

Letters are *delivered* every day.
（信件每天都有人遞送 。）

He *delivered* a very long speech yesterday.
（他昨天發表了一篇很長的演講 。）

◇ **convey** 〔 kən've 〕 *v*. 運送；傳達

…… conveyance 〔 kən'veəns 〕 *n*.

The pipe *conveys* water from the lake to the factory.
（這條管子把水從湖裡輸送到工廠 。）

I can't *convey* my feelings in words.
（我無法用言語表達我的情感 。）

＊ pipe 〔 paɪp 〕 *n*. 管

◇ **overtake** 〔 ,ovə'tek 〕 *v*. 趕上；超車（ ＝ *come up with* ）

〔 overtook, overtaken 〕

I was *overtaken* by the car.
（我被那部車子超越 。）

······ ‖‖‖‖‖保存 ★ 維護‖‖‖‖‖ ······

❖ **guard** 〔 gɑrd 〕 *v.* 看守；保衛　　*n.* 守衛
The soldiers were *guarding* the bridge.
（士兵們在守護這座橋 。）

❖ **shelter** 〔'ʃɛltɚ 〕 *v.* 保護；遮蔽　　*n.* 避難；避難所
Those flowers should be *sheltered* from the rain.
（那些花應該遮蔽起來 , 以免被雨淋 。）
We took *shelter* from the rain in the station.
（我們在車站避雨 。）

❖ **inherit** 〔 ɪn'hɛrɪt 〕 *v.* 繼承　　······ inheritance *n.*
He *inherited* a considerable fortune from his uncle.
（他從叔父那兒繼承了一筆相當可觀的財產 。）

❖ **preserve** 〔 prɪ'zɜv 〕 *v.* 保存　　······ preservation *n.*
They have *preserved* the building.
（他們保存了這棟建築 。）

❖ **reserve** 〔 rɪ'zɜv 〕 *v.* 保留；預訂
······ reservation 〔,rɛzɚ'veʃən 〕 *n.*
Did you *reserve* a room at the hotel？
（你在旅館訂房間了嗎？）
Do you have a *reservation*？
（你有訂位嗎？）

───── 學習師資最優‧學費最低 ─────

······ ‖‖‖關係 ★ 依存‖‖‖ ·······

❖ **contact** 〔'kɑntækt〕 *n.* 接觸

Have you been in **contact** with him recently?
（你最近有和他連絡嗎？）

❖ **relation** 〔rɪ'leʃən〕 *n.* 關係；親戚關係

······ relate 〔rɪ'let〕 *v.* 有關係

The two countries do not have diplomatic **relations**.
（這兩個國家沒有外交關係。）

He is a close **relation** of mine.（他是我的近親。）

* diplomatic 〔,dɪplə'mætɪk〕 *adj.* 外交的

❖ **relationship** 〔rɪ'leʃənʃɪp〕 *n.* 關係

······ relate *v.*　　relation *n.*

There is a close **relationship** between demand and
supply.（供需之間有很密切的關係。）

* supply 〔sə'plaɪ〕 *n.* 供給

❖ **connection** 〔kə'nɛkʃən〕 *n.* 關係；關連（= *relation*）

······ connect *v.*

We have **connections** with a firm in Paris.
（我們與巴黎的一家公司有業務關係。）

There is a **connection** between smoking and lung cancer.
（抽煙和癌有關聯。）

❖ **introduction** 〔,ɪntrə'dʌkʃən〕 *n.* 介紹；引進

······ introduce 〔,ɪntrə'djus〕 *v.*

This letter of **introduction** was written by my uncle.
（這封介紹信是我叔父寫的。）

❖ **association** 〔 ə,soʃɪ'eʃən 〕 *n.* 協會；聯想

…… associate *v.* 聯合；聯想

She set up an *association* to help blind people.
（她設立一個協會來幫助盲人。）

What *associations* does this word have for you?
（這個字會讓你產生怎樣的聯想？）

❖ **dependent** 〔 dɪ'pɛndənt 〕 *adj.* 依賴的

…… 反 independent *adj.* 獨立的　　depend *v.*　　dependence *n.*
　　be dependent on ～ 依賴～

The boy *is* totally *dependent on* his parents.
（這男孩完全依賴他的父母。）

❖ **rely** 〔 rɪ'laɪ 〕 *v.* 依賴 < *on* >

…… reliance *n.*　　reliable *adj.*

He always *relies on* other people.
（他總是依賴別人。）

❖ **owe** 〔 o 〕 *v.* 欠；歸功於 < *to* >

I *owe* you 3,000 dollars.（我欠你三千元。）

I *owe* my success *to* your help.
（我的成功實歸因於你的幫助。）

❖ **dominate** 〔 'dɑmə,net 〕 *v.* 統治；支配

…… 同 rule 〔 rul 〕 *v.*　　dominance 〔 'dɑmənəns 〕 *n.*

The Romans once *dominated* Europe.
（羅馬人曾一度統治歐洲。）

—— 學習師資最優・學費最低 ——

❖ **beg**〔bɛg〕*v.* 懇求；乞討

He *begged* me to stay.（他懇求我留下。）

He lives by *begging*.（他靠乞討爲生。）

······ ‖‖‖‖推測 ★ 以爲‖‖‖‖ ·······

❖ **regard**〔rɪ'gɑrd〕*v.* 視爲＜ *as* ＞；對待　*n.* 尊敬
(*pl.*)問候

We *regarded* him *as* a coward.
（我們把他視爲懦夫。）

Give my best *regards* to your parents.
（請代我問候你的父母。）

❖ **assume**〔ə'sjum〕*v.* 以爲；推測
······ assumption〔ə'sʌmpʃən〕*n.* 假定；臆測

He *assumed* that the train would be on time.
（他以爲火車會準時。）

❖ **suspect**〔sə'spɛkt〕*v.* 懷疑　〔'sʌspɛkt〕*n.* 嫌疑犯
······ suspicion〔sə'spɪʃən〕*n.*　suspicious〔sə'spɪʃəs〕*adj.*

The police *suspect* that he robbed the bank.
（警方懷疑他搶劫銀行。）

The police found a *suspect* for the murder last week.
（警方發現上星期那件謀殺案的嫌疑犯。）

REVIEW ⑩

（解答見 p.243）

1. If you work hard, you will_____.〔北區夜二專〕
   - (A) succeed
   - (B) success
   - (C) successful
   - (D) successfully

2. It is natural for the children to_____ their parents.
   - (A) keep on
   - (B) depend on
   - (C) rely on
   - (D) give up

   〔保送甄試·北區夜二專〕

3. They have become_____with each other for a long time.〔四技商專〕
   - (A) acquaint
   - (B) acquaintance
   - (C) acquainted
   - (D) acquainting

4. Hope is a_____of desire and expectation.〔中區夜二專〕
   - (A) misfortune
   - (B) combination
   - (C) statesman
   - (D) manager

5. We have_____in Steve, so we are sure that he will succeed. 〔北區夜二專〕
   - (A) confidence
   - (B) truth
   - (C) patient
   - (D) insurance

6. She_____her mother's good looks and her father's bad temper. 〔四技工專·中區夜二專〕
   - (A) inquired
   - (B) issued
   - (C) invested
   - (D) inherited

7. Some insects grow very fast. They_____rapidly.
   - (A) breathe
   - (B) dump
   - (C) multiply
   - (D) digest

   〔四技商專〕

·······|||||||衰微 ★ 減少||||||·······

❖ **sink** 〔 sɪŋk 〕 *v*. 沈没〔 sank, sunk 〕　　*n*. 水槽
······ 反 float 〔 flot 〕 *v*. 漂浮

The boat **sank** during the storm.
（那艘船在暴風雨中沈没。）

She put the dirty dishes in the **sink**.
（她把髒的碗盤放進水槽中。）

❖ **decrease** 〔 dɪ'kris, di- 〕 *v*. 減少
······ increase 〔 ɪn'kris 〕 *v*. 增加

Our sales are **decreasing**.（我們的銷售量逐漸減少。）

❖ **decline** 〔 dɪ'klaɪn 〕 *v*. 衰退；拒絕
······ 同 refuse 〔 rɪ'fjuz 〕 *v*. 拒絕　　反 accept 〔ək'sɛpt〕 *v*. 接受
declination 〔,dɛklə'neʃən〕 *n*.

His health has begun to **decline** now.
（他的健康已開始衰退。）

They **declined** the invitation to our party.
（他們拒絕了我們的宴會邀請。）

❖ **exhaust** 〔 ɪg'zɔst 〕 *v*. 使疲勞
······ exhaustion 〔 ɪg'zɔstʃən〕 *n*. 竭盡；疲憊

I am completely **exhausted**.（我已筋疲力竭。）

❖ **reduce** 〔 rɪ'djus 〕 *v*. 減少　　······ reduction〔rɪ'dʌkʃən〕*n*.

The doctor told me to **reduce** my weight.
（醫生叫我要減肥。）

◇ **retire** 〔 rɪˈtaɪr 〕 *v*. 退休　‥‥‥ retirement *n*.

He *retired* at the age of 65.（他六十五歲退休。）

◇ **resign** 〔 rɪˈzaɪn 〕 *v*. 辭職　‥‥‥ resignation 〔ˌrɛzɪɡˈneʃən〕*n*.

He *resigned* his post as headmaster.
（他辭去校長的職位。）

＊ post 〔 post 〕 *n*. 職位　headmaster 〔ˈhɛdˈmæstɚ, -ˈmɑs-〕 *n*. 校長

‥‥‥‥ ‖‖‖方便 ★ 實際‖‖‖ ‥‥‥‥

◇ **handy** 〔ˈhændɪ〕 *adj*. 輕便的；手邊的

This is a *handy* little box.
（這是一個輕便的小盒子。）

◇ **practical** 〔ˈpræktɪkl̩〕 *adj*. 實際的；實用的
‥‥‥ 反 theoretical 〔ˌθiəˈrɛtɪkl̩〕 *adj*. 理論的　practice *n.,v.*

He has much *practical* experience as a doctor.
（他是個實際經驗豐富的醫生。）

◇ **available** 〔 əˈveləbl̩〕 *adj*. 可獲得的
‥‥‥ avail *v*. 有用；利於

The car is not *available* today.
（這種車現在買不到。）

◇ **convenience** 〔 kənˈvinjəns 〕 *n*. 方便
‥‥‥ convenient *adj*.

I live near the station for the sake of *convenience*.
（為了方便起見，我住在車站附近。）

·······||||||||優勢 ★ 繁榮||||||||·······

❖ **prevail** 〔 prɪ'vel 〕 *v.* 普及；流行

······ prevalence 〔'prɛvələns 〕 *n.*　　prevalent 〔'prɛvələnt 〕 *adj.*

A serious form of influenza ***prevails*** throughout Taiwan. (一種很嚴重的流行性感冒蔓延全台灣。)

These customs used to ***prevail*** all over Taiwan. (這些習俗以前曾流行全台灣。)

＊ influenza 〔,ɪnflʊ'ɛnzə 〕 *n.* 流行性感冒

❖ **exceed** 〔 ɪk'sid 〕 *v.* 超越

······ excess 〔 ɪk'sɛs 〕 *n.* 過度　　excessive 〔 ɪk'sɛsɪv 〕 *adj.* 過度的

Don't ***exceed*** the speed limit. (不要超速。)

❖ **prosper** 〔'prɑspɚ 〕 *v.* 繁榮

······ prosperity *n.*　　prosperous *adj.*

My business is ***prospering***. (我的生意興隆。)

❖ **promote** 〔 prə'mot 〕 *v.* 促進；晉昇　　······ promotion *n.*

We must ***promote*** sales. (我們必須促銷。)

My father was ***promoted*** to general manager. (我父規晉昇爲總經理。)

❖ **succeed** 〔 sək'sid 〕 *v.* 成功；繼承

······反 fail 〔 fel 〕 *v.* 失敗　　success 〔 sək'sɛs 〕 *n.* 成功
succession 〔 sək'sɛʃən 〕 *n.* 繼承　　successful *adj.* 成功的

He finally ***succeeded*** in climbing that mountain. (他終於成功地爬上那座山。)

He ***succeeded*** his father as president of the company. (他繼承父親擔任公司的董事長。)

❖ **nourishing** 〔'nɝɪʃɪŋ〕 *adj.* 營養的

…… nourish *v.* 滋養　　nourishment *n.*

Milk is very ***nourishing***. （牛奶很營養。）

❖ **prosperity** 〔prɑ'spɛrətɪ〕 *n.* 繁榮

…… prosper *v.*　　prosperous *adj.*

I wish you ***prosperity***. （我祝你飛黃騰達。）

❖ **triumph** 〔'traɪəmf〕 *n.* 勝利

…… triumphant 〔traɪ'ʌmfənt〕 *adj.*　　*in triumph* 勝利地

Our team came back *in triumph*.
（我們的隊伍凱旋歸來。）

❖ **mighty** 〔'maɪtɪ〕 *adj.* 強而有力的

…… 同 strong 〔strɔŋ〕 *adj.*　　might *n.* 力量

The pen is ***mightier*** than the sword. （文勝於武。）

……… ‖‖‖‖純眞 ★ 懇切‖‖‖‖ ………

❖ **net** 〔nɛt〕 *adj.* 淨的　　*n.* 網

The ***net*** weight of this jam is 200 grams.
（這瓶果醬的淨重爲兩百克。）

The children were mending their butterfly-***nets***.
（孩子們在修理他們的捕蝶網。）

❖ **genuine** 〔'dʒɛnjʊɪn〕 *adj.* 眞正的

…… 反 false 〔fɔls〕 *adj.* 假的；錯誤的

That football is made of ***genuine*** leather.
（那顆足球是用眞皮做的。）

◇ **sincere** 〔 sɪn'sɪr 〕 *adj*. 誠摯的

⋯⋯ sincerity 〔 sɪn'sɛrətɪ 〕 *n*.

Bill and I have been **sincere** friends for a long time

（ 比爾和我是多年的摯友 。）

◇ **innocent** 〔 'ɪnəsənt 〕 *adj*. 純眞的；無罪的

⋯⋯ 反 guilty 〔'gɪltɪ 〕 *adj*. 有罪的　innocence *n*.

She behaved as an **innocent** child.

（ 她的舉止有如天眞無邪的小孩 。）

He was **innocent** of the crime.

（ 在此案中他是無辜的 。）

◇ **serious** 〔'sɪrɪəs 〕 *adj*. 認眞的；嚴肅的；重大的

⋯⋯ seriously *adv*.

She always has a **serious** look on her face.

（ 她臉上總是帶着嚴肅的表情 。）

Marriage is a **serious** matter in life.

（ 婚姻是人生的大事 。）

⋯⋯⋯ ‖‖‖‖否定 ★ 忽視‖‖‖‖ ⋯⋯⋯

◇ **reject** 〔 rɪ'dʒɛkt 〕 *v*. 拒絕

⋯⋯ 反 accept 〔 ək'sɛpt 〕 *v*. 接受　rejection *n*.

He **rejected** my suggestion. （ 他拒絕我的提議 。）

◇ **deny** 〔 dɪ'naɪ 〕 *v*. 否認　⋯⋯ denial 〔 dɪ'naɪəl 〕 *n*.

It cannot be **denied** that he is guilty.

（ 不可否認的是 ，他有罪 。）

◇ **neglect** 〔 nɪˈɡlɛkt 〕 *v.,n.* 疏忽

 …… negligence 〔ˈnɛɡlədʒəns〕 *n.*　　neglectful *adj.*

He **neglected** his family.（他疏忽了自己的家庭。）

I'm angry at the **neglect** of these children.
（我很生氣這些兒童受到忽視。）

◇ **ignore** 〔 ɪɡˈnɔr 〕 *v.* 忽視（＝ *neglect*）

 …… ignorance 〔ˈɪɡnərəns〕 *n.* 無知
   ignorant 〔ˈɪɡnərənt〕 *adj.* 無知的

She **ignored** all my warnings.（她把我的警告置之不理。）

◇ **absurd** 〔 əbˈsɝd 〕 *adj.* 荒謬的

 ……同 foolish 〔ˈfulɪʃ〕 *adj.*　　absurdity *n.*

Even sensible men do **absurd** things sometimes.
（既使是很明理的人，有時也會做出荒謬的事情。）

◇ **ridiculous** 〔 rɪˈdɪkjələs 〕 *adj.* 荒謬的；可笑的

 …… ridicule 〔ˈrɪdɪkjul〕 *n.,v.*

He looks **ridiculous** in those clothes.
（他穿那種衣服看起來很可笑。）

……… ‖‖‖‖宇宙 ★ 世界‖‖‖‖ ………

◇ **planet** 〔ˈplænɪt〕 *n.* 行星

The sun has nine **planets**.（太陽有九個行星。）

◇ **orbit** 〔ˈɔrbɪt〕 *n.* 軌道

The satellite is now in **orbit**.
（衞星目前在軌道中。）

◇ **satellite** 〔'sætə,laɪt 〕 *n.* 衛星

    The moon is the earth's *satellite*.

    （月球是地球的衛星。）

◇ **universe** 〔'junə,vɝs 〕 *n.* 宇宙

    …… 同 cosmos 〔'kɑzməs〕 *n.*   universal *adj.*

    What is the origin of the *universe*?

    （宇宙的根源是什麼？）

◇ **universal** 〔,junə'vɝsl̩ 〕 *adj.* 全世界的；普遍的

    …… universe *n.*

    Music is *universal*. （音樂是沒有國界的。）

    English is considered a *universal* language.

    （英文被認爲是一種世界性的語言。）

……‖‖‖‖‖生存 ★ 競爭‖‖‖‖‖……

◇ **struggle** 〔'strʌgl̩ 〕 *v.,n.* 奮鬥；掙扎；戰鬥

    Many people in that country are still *struggling*

    against poverty. （該國的許多人仍在與貧窮奮鬥。）

    That fight seemed like a life-or-death *struggle*.

    （那場打鬥好像是生死之爭。）

    * *life-or-death adj.* 決定生死的

◇ **survive** 〔 sə'vaɪv 〕 *v.* 由～生還；殘存

    …… survival *n.*

    Only one person *survived* the accident.

    （只有一個人從意外中生還。）

◇ **starve** 〔 stɑrv 〕 *v.* 飢餓；餓死　⋯⋯ starvation *n.*

A lot of people **starved** to death during that war.

（許多人在這場戰爭中餓死。）

◇ **compete** 〔 kəm'pit 〕 *v.* 競爭

⋯⋯ competition〔 ,kɑmpə'tɪʃən〕 *n.*

Only four horses **competed** in the race.

（只有四匹馬參加這場比賽。）

◇ **revive** 〔 rɪ'vaɪv 〕 *v.* 復活　⋯⋯ revival *n.*

The plants will **revive** after the rain.

（這些植物在雨後會重生。）

◇ **earn** 〔 ɜn 〕 *v.* 賺　⋯⋯ *earn one's living* 謀生

He **earns** NT$30,000 a month.

（他一個月賺三萬元。）

At a age of sixteen, Ben had already started **earning**
his own *living*.

（十六歲時，班就已經開始自力更生了。）

───── *學習師資最優・學費最低* ─────

REVIEW ⑪

（解答見p.243）

1. He made a_____mistake. He just erased all our computer records.〔四技二專・保送甄試〕
   (A) important (B) serious (C) prudent (D) impossible

2. After working all day, I felt_____.〔保送甄試・四技商專〕
   (A) interested   (B) ashamed
   (C) exhausted   (D) sincere

3. If you want to pass the_____entrance examination, you have to study hard.〔北區夜二專〕
   (A) impressive   (B) competitive
   (C) aggressive   (D) imaginative

4. The_____for survival is very severe in nature.
   (A) ambition   (B) goal   〔保送甄試〕
   (C) solution   (D) struggle

5. Only one little girl_____the accident; everyone else was killed.〔四技工專・保送甄試〕
   (A) absorbed (B) survived (C) consumed (D) reckoned

6. He_____from the post of the president last week.〔北區夜二專〕
   (A) resigned (B) signed (C) assigned (D) designed

7. We watch the Olympic games and other international events on television via_____.〔保送甄試〕
   (A) satellite (B) earth (C) rocket (D) space

8. I need to talk to you. Are you_____now?〔四技工商專・保送甄試〕
   (A) violent (B) qualified (C) available (D) valuable

‖‖‖‖武器 ★ 爭鬥‖‖‖‖

◇ **sword**〔sɔrd〕*n.* 刀；劍

The knight carried two *swords*.

（這位騎士帶着兩把劍。）

＊knight〔naɪt〕*n.* 騎士

◇ **bomb**〔bɑm〕*n.* 炸彈　*v.* 轟炸

They planted a *bomb* in the post office.

（他們在郵局放置了一個炸彈。）

Our town was *bombed* twice this week.

（我們鎮上這個星期被轟炸了兩次。）

◇ **weapon**〔'wɛpən〕*n.* 武器　……同 arms〔ɑrmz〕*n. pl.*

It's against the law to carry *weapons*.

（攜帶武器是違法的。）

◇ **battle**〔'bætḷ〕*n.* 戰鬥；戰爭　……同 war〔wɔr〕*n.*

They died in *battle*.（他們在戰鬥中死去。）

◇ **quarrel**〔'kwɔrəl, 'kwɑr-〕*n., v.* 爭吵

I often have *quarrels* with her.（我常與她爭吵。）

◇ **conflict**〔'kɑnflɪkt〕*n.* 爭鬥；衝突

After the *conflict* there were many dead on both sides.（經過這次爭鬥，雙方都死了很多人。）

A *conflict* of opinion arose over the matter.

（這個問題出現意見上的衝突。）

❖ **violence** 〔'vaɪələns 〕 *n*. 暴力；暴行 ...... violent *adj*.

There is almost no *violence* in that city.

（這個城市幾乎沒有暴力事件。）

······ ‖‖‖‖‖ 傳達 ★ 指派 ‖‖‖‖‖ ·······

❖ **advertise** 〔'ædvɚ,taɪz 〕 *v*. 做廣告

······ advertisement *n*.

We have *advertised* our goods in the local newspapers.

（我們在當地報紙上為我們的貨品做廣告。）

❖ **inform** 〔 ɪn'fɔrm 〕 *v*. 通知＜*of*＞

······ information 〔,ɪnfɚ'meʃən〕 *n*. 消息；資訊

She *informed* us *of* her arrival.

（她通知我們她到達了。）

❖ **announce** 〔 ə'naʊns 〕 *v*. 公布

······ announcement *n*.　　announcer *n*.

The government *announced* that a new sales tax will come into force. （政府宣布新的貨稅制將要實施。）

* *come into force* 開始實施

❖ **broadcast** 〔'brɔd,kæst 〕 *n*. 廣播

v. 播放〔 broadcast(ed) , broadcast(ed)〕

He gave an interesting *broadcast* about modern art.

（他播了一則關於現代藝術的趣聞。）

They *broadcast* the news at seven.

（新聞在七點鐘播報。）

◇ **print**〔prɪnt〕*v.* 印刷　*n.* 印刷；印刷字體

This machine can ***print*** 30 pages a minute.
（這部機器每分鐘可印三十頁 。）

I can't read a document in small ***print***.
（以小字印刷的文件我看不清楚 。）

◇ **assign**〔ə'saɪn〕*v.* 分配；指派

…… assignment *n.* 分派；作業

They have ***assigned*** me a small room.
（他們分配給我一間小房間 。）

◇ **appoint**〔ə'pɔɪnt〕*v.* 任命　…… appointment *n.* 任命；約會

They ***appointed*** him chairman.（他們任命他當主席 。）

She wasn't there at the ***appointed*** time.
（她沒有在指定的時間到達那裡 。）

・・・・・・ ‖‖‖‖法律 ★ 獎懲‖‖‖‖‖ ・・・・・・

◇ **commit**〔kə'mɪt〕*v.* 犯(罪、過錯等)；委託

He ***committed*** an error.（他犯了一個錯誤 。）

She ***committed*** her child to her aunt's care.
（她把小孩委託給她的阿姨照顧 。）

◇ **justify**〔'dʒʌstə,faɪ〕*v.* 證明有理

…… justice *n.* 公正；正義

Such rude behavior cannot be ***justified***.
（這種粗魯的行為無法解釋為有理 。）

❖ **punish** 〔ˈpʌnɪʃ〕*v*. 懲罰   ······ punishment *n*.

He was ***punished*** for his misbehaviour in class.
（他因為在課堂上行為不當而受罰。）

❖ **judge** 〔dʒʌdʒ〕*n*. 法官 *v*. 判決；判斷
······ judgement *n*.

There were five ***judges*** in the court.
（法院裡有五位法官。）

I can't ***judge*** whether he is right or not.
（我無法判斷他是對還是錯。）

❖ **court** 〔kort, kɔrt〕*n*. 法庭；宮廷

He appeared in ***court*** yesterday.（他昨天出庭。）

❖ **trial** 〔ˈtraɪəl〕*n*. 審判；試驗（ = *judgement* ）

That man is going on ***trial*** next week.
（那個人將在下週接受審判。）

❖ **legal** 〔ˈligl̩〕*adj*. 合法的；法律上的（ ↔ *illegal* ）

It is not ***legal*** to sell that medicine in Japan.
（在日本販賣那種藥是不合法的。）

······ ‖‖‖‖‖‖ 傾向 ★ 意願 ‖‖‖‖‖‖ ······

❖ **liable** 〔ˈlaɪəbl̩〕*adj*. 易於～的；應負責任的

He is ***liable*** to make mistakes.（他很容易犯錯。）
You are ***liable*** for the debt.（你要為債務負責。）

❖ **trend** 〔 trɛnd 〕 *n.* 趨勢　　…… trendy *adj.*
There's a **trend** these days towards small families.
（近來有小家庭化的趨勢 。）

❖ **tendency** 〔'tɛndənsɪ 〕 *n.* 傾向；癖性　　…… tend *v.*
The **tendency** is toward higher prices.
（物價有上漲的趨勢 。）

❖ **tend** 〔 tɛnd 〕 *v.* 易於 < *to* >　　…… tendency *n.*
He **tends** *to* be late for meetings.
（他開會很容易遲到 。）

❖ **voluntary** 〔'vɑlən,tɛrɪ 〕 *adj.* 自願的
　　…… 反 compulsory〔 kəm'pʌlsərɪ 〕 *adj.* 強迫的
　　　volunteer〔,vɑlən'tɪr 〕 *v.* 志願　*n.* 自願者
That organization depends on **voluntary** contribution.
（那個機構必須仰賴外界自願捐助 。）
　* contribution〔,kɑntrə'bjuʃən 〕 *n.* 捐助；貢獻

❖ **willing** 〔'wɪlɪŋ 〕 *adj.* 情願的；願意的 (↔ *unwilling*)
　　…… 同 ready〔'rɛdɪ 〕 *adj.*　　willingly *adv.*
Are you **willing** to help me with that work？
（你願幫我做那工作嗎？ ）

……… ‖‖‖‖宗教 ★ 傳統‖‖‖‖· ………

❖ **tradition** 〔 trə'dɪʃən 〕 *n.* 傳統　　…… traditional *adj.*
The Japanese have preserved many of their **traditions**.
（日本人保留了他們的許多傳統 。）

❖ **holy** 〔'holɪ 〕 *adj.* 神聖的

Jerusalem is the *holy* land of the Christians.

（耶路撒冷是基督徒的聖地 。）

＊ Christian 〔'krɪstʃən〕 *n.* 基督徒

❖ **sacred** 〔'sekrɪd 〕 *adj.* 神聖的（＝ *holy* ）

Mecca is a *sacred* place for Muslims.

（麥加是回教徒的聖地 。）

＊ Muslim 〔'mʌsləm〕 *n.* 回教徒

❖ **divine** 〔 də'vaɪn 〕 *adj.* 神的

······ 反 human 〔'hjumən〕 *adj.* 凡人的   divinity 〔də'vɪnətɪ 〕 *n.*

To err is human, to forgive *divine*.

（犯錯是常人之舉，寬恕乃神人之行 。）

＊ err 〔ɝ 〕 *v.* 犯錯   forgive 〔fə'gɪv〕 *v.* 原諒；寬恕

❖ **religious** 〔 rɪ'lɪdʒəs 〕 *adj.* 宗教的；虔誠的

······ religion 〔rɪ'lɪdʒən〕 *n.* 宗教

There is no *religious* freedom in that country.

（那個國家沒有宗教自由 。）

❖ **legend** 〔'lɛdʒənd 〕 *n.* 傳說   ······ legendary *adj.*

There is a *legend* about a mermaid in this region.

（這個地區有一則關於美人魚的傳說 。）

＊ mermaid 〔'mɝ,med〕 *n.* 美人魚

❖ **miracle** 〔'mɪrəkl̩ 〕 *n.* 奇蹟

······ miraculous 〔 mə'rækjələs 〕 *adj.*

It's a *miracle* that he's still alive.

（他仍然活着，真是奇蹟 。）

❖ **superstition** 〔ˌsupɚˈstɪʃən〕 *n.* 迷信

…… superstitious *adj.*

It's a common ***superstition*** that black cats are unlucky.（認爲黑貓不吉利是一種很普遍的迷信。）

* unlucky〔ʌnˈlʌkɪ〕 *adj.* 不幸的

❖ **mysterious**〔mɪsˈtɪrɪəs〕 *adj.* 神秘的；費解的

…… mystery〔ˈmɪst(ə)rɪ〕 *n.*

Do you remember the ***mysterious*** murder?（你記得那樁離奇的謀殺案嗎？）

········ ‖‖‖‖‖‖達成 ★ 屈服‖‖‖‖‖‖ ·······

❖ **achieve**〔əˈtʃiv〕 *v.* 達成

…… 同 accomplish〔əˈkɑmplɪʃ〕 *v.*　　achievement *n.* 達成；成就

He will never ***achieve*** anything.（他永遠一事無成。）

❖ **fulfil(l)**〔fʊlˈfɪl〕 *v.* 實踐；履行　　…… fulfil(l)ment *n.*

If you make a promise, you should ***fulfil*** it.（如果你做了承諾，就應該履行。）

❖ **conquer**〔ˈkɑŋkɚ〕 *v.* 征服；克服（ = *overcome* ）

…… conquest〔ˈkɑŋkwɛst〕 *n.*

The Normans ***conquered*** England in 1066.（諾曼人於1066年征服英格蘭。）

You must ***conquer*** your fear of the dark.（你必須克服怕黑的心理。）

◇ **overcome** 〔͵ovɚ'kʌm 〕 *v*. 克服〔 overcame, overcome 〕

He **overcame** many difficulties.

（他克服了許多困難。）

◇ **defeat** 〔 dɪ'fit 〕 *v*. 擊敗（ = *overcome* ）　 *n*. 敗北

We **defeated** our opponents.（我們擊敗了對手。）

Our team has not had a single **defeat** yet.

（我們的隊伍尚未嘗過敗績。）

◇ **yield** 〔 jild 〕 *v*. 屈服；生產（ = *produce* ）

The troops **yielded** to the enemy.

（部隊向敵人屈服了。）

My investments **yielded** a large profit.

（我的投資產生很大的利潤。）

* troop 〔 trup 〕 *n*. 部隊

······· ⑴∥∥∥思考 ★ 信念∥∥∥⑴ ·······

◇ **belief** 〔 bɪ'lif 〕 *n*. 相信；信念　 ······ believe *v*.

My **belief** in his honesty was shattered.

（我原本相信他的誠實，但我的信心已被粉碎了。）

* shatter 〔'ʃætɚ 〕 *v*. 使粉碎

◇ **faith** 〔 feθ 〕 *n*. 信賴；信仰（ = *belief* ）

······ faithful *adj*. 忠實的

I've lost **faith** in that politician.

（我對那位政客已失去信心。）

◇ **notion** 〔'noʃən〕 *n.* 觀念

⋯⋯同 idea〔aɪ'diə,-'dɪə〕 *n.*　*have no notion of* 不懂；不知道

I *have no notion of* what you are talking about.

（我聽不懂你在說什麼 。）

◇ **concept** 〔'kɑnsɛpt〕 *n.* 概念；觀念

I understand the general *concept*, but I'm not sure about the details.

（我了解整體的概念，但不太清楚細節 。）

◇ **vision** 〔'vɪʒən〕 *n.* 視力；先見；眼光

⋯⋯ visual〔'vɪʒʊəl〕 *adj.* 視覺的

My sister has perfect *vision*.

（我姊姊的視力很好 。）

The premier is a man of *vision*.

（這位總理是個很有眼光的人 。）

＊ premier〔'primɪɚ〕 *n.* 首相；總理

◇ **impression** 〔ɪm'prɛʃən〕 *n.* 印象

⋯⋯ impress *v.*　impressive *adj.*

The painting made a strong *impression* on him.

（這幅畫給他很深刻的印象 。）

◇ **ideal** 〔aɪ'diəl〕 *adj.* 理想的　*n.* 理想

⋯⋯ idealism *n.* 理想主義

The seaside is an *ideal* spot for children to play at.

（海邊是孩子們玩耍的理想地點 。）

Life does not always reflect our *ideals*.

（人生不一定能反映出我們的理想 。）

❖ **illusion** 〔 ɪˈluʒən 〕 *n.* 幻覺；錯覺 …… illusive *adj.*

He had the *illusion* that he was a genius.

（他幻想以爲自己是天才。）

＊ genius 〔ˈdʒinjəs 〕 *n.* 天才

❖ **consideration** 〔 kənˌsɪdəˈreʃən 〕 *n.* 考慮

…… consider 〔 kənˈsɪdə 〕 *v.*

　　take ～ into consideration 將～列入考慮

We will *take* your experience *into consideration.*

（我們會把你的經驗列入考慮。）

❖ **analysis** 〔 əˈnæləsɪs 〕 *n.* 分析 *pl.* analyses 〔 əˈnæləsiz 〕

…… 反 synthesis 〔ˈsɪnθəsɪs 〕 *n.* 綜合 　analyze 〔ˈænlˌaɪz 〕 *v.*

His *analysis* of the evidence showed what had happened.

（他對證據的分析顯示出所發生的事情。）

❖ **reasonable** 〔ˈriznəbl 〕 *adj.* 理性的；合理的

（↔ *unreasonable* ） …… reason *n.* 理由；理性

His opinion is *reasonable.* （他的意見很有道理。）

I bought this sweater at a *reasonable* price.

（我以合理的價格買了這件毛衣。）

（解答見 p.244）

1. Peter is a mine of_____. 〔北區夜二專・保送甄試〕
   (A) inform   (B) informed
   (C) information   (D) informative

2. A careful_____(analytic) of the substance was made
   in the laboratory. 〔師大工教〕

3. In order to make a good i_____n during a job inter-
   view, you need to prepare yourself for the interview.
   〔彰化師大・四技商專〕

4. Lightning was so_____to the ancient Greeks.
   (A) mystery   (B) mysterious   〔北區夜二專〕
   (C) mystically   (D) mystique

5. Every boy in this country has the_____for military
   service. 〔北區夜二專〕
   (A) ability   (B) liability
   (C) capability   (D) activity

6. Sometimes the company sends a famous lawyer to attend
   a_____to help prisoners. 〔保送甄試〕
   (A) ceremony   (B) demonstration
   (C) try   (D) trial

7. He is a man of good_____. 〔四技工專〕
   (A) judge   (B) judgement
   (C) judging   (D) judged

······ ‖‖‖‖‖喜悅 ★ 樂觀‖‖‖‖‖ ·······

◇ **agreeable** 〔 əˈgriəbl 〕 *adj*. 愉快的；宜人的
(↔ *disagreeable*) ······ 同 pleasant 〔ˈplɛznt〕 *adj*.
She has an ***agreeable*** voice. （ 她的聲音很悅耳 。 ）

◇ **comfort** 〔ˈkʌmfət〕 *n*. 慰藉；舒適的設備
······ comfortable *adj*. 舒服的
My husband was a great ***comfort*** to me when I was
ill. （ 我生病時，我丈夫對我而言是一大慰藉 。 ）
We enjoyed the ***comforts*** of the hotel.
（ 我們在那家旅館裡享受到很多舒適的設備 。 ）

◇ **delight** 〔 dɪˈlaɪt 〕 *n*. 愉快 *v*. 使愉快
······ delightful *adj*.   *to one's delight* 令人愉快的是
I was ***delighted*** to hear of her success.
（ 我很高興聽說她成功了 。 ）
To her delight, her son passed the college entrance
examination. （ 令她高興的是，她的兒子考上大學了 。 ）

◇ **optimistic** 〔ˌɑptəˈmɪstɪk〕 *adj*. 樂觀的
······ 反 pessimistic 〔ˌpɛsəˈmɪstɪk〕 *adj*. 悲觀的
optimism〔ˈɑptəˌmɪzəm〕 *n*. 樂觀主義
optimist 〔ˈɑptəmɪst〕 *n*. 樂觀者
I am ***optimistic*** about the chances for success.
（ 我對成功的機率抱持樂觀的態度 。 ）

◇ **amuse** 〔 əˈmjuz 〕 *v*. 娛樂   ······ amusement *n*.
The children ***amused*** themselves by playing games.
（ 孩子們以玩遊戲自娛 。 ）

◇ **excitement** 〔 ɪk'saɪtmənt 〕 *n*. 興奮

⋯⋯ excite *v*.　　exciting *adj*.

The rock band caused great *excitement* among teenagers.（這個搖滾樂團在青少年間造成轟動。）

* rock 〔 rɑk 〕 *n*. 搖滾樂　　teenager 〔'tin,edʒɚ〕 *n*. 青少年

◇ **splendid** 〔'splɛndɪd〕 *adj*. 絕佳的；燦爛的

⋯⋯ 同 wonderful 〔'wʌndəfəl〕 *adj*.　　splendo(u)r *n*. 光輝；華麗

He hit on a *splendid* idea.

（他忽然想到一個絕佳的主意。）* *hit on* 忽然想到

◇ **bless** 〔 blɛs 〕 *v*. 祝福　　⋯⋯ blessing *n*.

God *bless* you！（上帝祝福你。）

Bless these little children.（祝福這些小孩子。）

⋯⋯⋯ ‖‖‖ 類似 ★ 調和 ‖‖‖ ⋯⋯⋯

◇ **analogy** 〔 ə'nælədʒɪ 〕 *n*. 類似點；類推

There is a direct *analogy* between the heart and a pump.（心臟和幫浦有很明顯類似之處。）

* pump 〔 pʌmp 〕 *n*. 幫浦

◇ **harmony** 〔'hɑrmənɪ〕 *n*. 調和；一致

⋯⋯ harmonious 〔hɑr'monɪəs〕 *adj*.　　harmonize *v*.
in harmony with ～ 與～一致

Her ideas were no longer *in harmony with* ours.
（她的想法不再和我們的一致。）

───── 學習師資最優・學費最低 ─────

❖ **similar** 〔'sɪmələ〕 *adj*. 相似的＜*to*＞
　　…… similarity 〔,sɪmə'lærɪtɪ〕*n*.
　　My opinion is *similar to* yours.
　　（我的意見和你的很類似。）

❖ **mutual** 〔'mjutʃuəl〕 *adj*. 互相的；共同的
　　…… mutually *adv*.
　　George is a *mutual* friend of ours.
　　（喬治是我們共同的朋友。）
　　Mutual help is necessary in life.
　　（人生中互相幫助是必須的。）

❖ **resemble** 〔rɪ'zɛmbl̩〕 *v*. 和～相像
　　…… resemblance *n*.
　　She *resembles* her mother.（她和她母親長得很像。）

❖ **paradox** 〔'pærə,dɑks〕 *n*. 似非而是的話
　　…… paradoxical 〔,pærə'dɑksɪkl̩〕 *adj*. 似非而是的；矛盾的
　　"More haste, less speed" is a *paradox*.
　　（「欲速則不達」是一句似非而是的雋語。）

…… ‖‖‖‖壓迫 ★ 掠奪‖‖‖‖ ……

❖ **press** 〔prɛs〕 *v*. 擠壓；逼迫；熨平
　　…… pressure 〔'prɛʃə〕 *n*. 壓力　　the press *n*. 新聞界
　　Never *press* this button.（絕對不要按這個鈕。）
　　I won't *press* my decision upon you.
　　（我不會強迫你接受我的決定。）

❖ **rob** 〔 rɑb 〕 *v*. 搶奪＜*of*＞ (＝*deprive*)

…… robbery 〔'rɑbərɪ 〕 *n*.   robber *n*.

Two men ***robbed*** the old lady *of* her money.

（兩名男子搶走了這位老太太的錢。）

❖ **deprive** 〔 dɪ'praɪv 〕 *v*. 剝奪＜*of*＞

Convicts are ***deprived*** *of* social rights.

（罪犯會被褫奪公權。）

＊ convict 〔'kɑnvɪkt 〕 *n*.（已被判罪的）罪犯

❖ **stress** 〔 strɛs 〕 *n*. 壓力；重音   *v*. 強調

His job put him under a lot of ***stress***.

（他的工作帶給他很多壓力。）

❖ **impose** 〔 ɪm'poz 〕 *v*. 強加；課徵

…… imposition 〔,ɪmpə'zɪʃən 〕 *n*.

He is always ***imposing*** his opinion on others.

（他總是強迫別人接受他的意見。）

The government announced that a new tax was

imposed on wine.（政府宣布酒類要課徵一項新稅。）

❖ **invade** 〔 ɪn'ved 〕 *v*. 侵略   …… invasion 〔 ɪn'veʒən 〕 *n*.

The kingdom was ***invaded*** by the enemy.

（這個王國遭敵人侵略。）

❖ **occupy** 〔'ɑkjə,paɪ 〕 *v*. 佔據   …… occupation *n*.

This machine ***occupies*** a lot of space.

（這部機器佔據了很大的空間。）

······ ||||||| 原始 ★ 根源 ||||||| ······

◇ **origin** 〔'ɔrədʒɪn,'ɑr- 〕*n.* 起源；來源(＝*source*)；出身
······ original *adj.*   originate〔ə'rɪdʒə,net 〕*v.*
What's the ***origin*** of the quarrel?
（這個爭論的根源爲何？）
He is a man of noble ***origin***.（他出身高貴。）

◇ **original** 〔 ə'rɪdʒənḷ 〕*adj.* 最初的；獨創的   *n.* 原物；原作
······ origin *n.*
He was the ***original*** owner of this castle.
（他是這座古堡原先的主人。）
＊ castle〔'kæsḷ〕*n.* 城堡

◇ **primitive** 〔'prɪmətɪv 〕*adj.* 原始的   *n.* 原始人
They used those ***primitive*** tools.
（他們使用那些原始的工具。）
＊ tool〔tul〕*n.* 工具

◇ **initial** 〔 ɪ'nɪʃəl 〕*adj.* 最初的
······ 同 first〔fɜst〕*adj.*   反 last〔læst〕*adj.* 最後的
initiate〔ɪ'nɪʃɪ,et〕*v.* 創始
It is reported that the ***initial*** talk was a failure.
（據報導，初步談判已失敗。）

◇ **source** 〔 sors,sɔrs 〕*n.* 來源；出處
What was the ***source*** of the misunderstanding?
（這個誤會的起因爲何？）
＊ misunderstanding〔,mɪsʌndə'stændɪŋ〕*n.* 誤會

❖ **raw**〔rɔ〕*adj.* 生的；無經驗的；原始的

He is still a *raw* reporter.

（他還是一個缺乏經驗的記者。）

……… ‖‖‖‖‖ 適當 ★ 適用 ‖‖‖‖‖ ………

❖ **suitable**〔'sutəbl̩〕*adj.* 適合的（↔ *unsuitable*）

That movie is *suitable* for people of all ages.

（這部電影老少咸宜。）

❖ **appropriate**〔ə'propriɪt〕*adj.* 適合的（= *proper*）

His clothes were not *appropriate* to the occasion.

（他的衣着不適合這種場合。）

❖ **valid**〔'vælɪd〕*adj.* 正當的；有效的（↔ *invalid*）

…… validity〔və'lɪdətɪ〕*n.* 確實性；效力

I have a *valid* excuse for being late for school.

（我有正當理由說明爲何上學遲到。）

The ticket is *valid* for a week.

（這張票的有效期限是一週。）

❖ **application**〔ˌæplə'keʃən〕*n.* 適用；申請　…… apply *v.*

The *application* of that law is impossible in this case.

（這條法規不適用於這個案子。）

❖ **proper**〔'prɑpɚ〕*adj.* 適當的（↔ *improper*）

…… properly *adv.*

I couldn't find the *proper* words to say.

（我找不到適當的話來說。）

####### ······ ‖‖‖無知 ★ 怠惰‖‖‖ ·······

❖ **ignorant** 〔ˈɪgnərənt 〕*adj*. 無知的

······ 反 learned 〔ˈlɜnɪd 〕*adj*. 有學問的　　ignore *v*. 忽視
　　ignorance *n*.　　*be ignorant of* ～ 不知道～

I *am ignorant of* the reason for their quarrel.
（我不知道他們爭吵的原因。）

❖ **stupid** 〔ˈstjupɪd 〕*adj*. 愚蠢的（ ↔ *clever* ）

······ 同 silly 〔ˈsɪlɪ 〕*adj*.　　stupidity *n*.

Sometimes he says such *stupid* things.
（有時候他會說出這種愚蠢的事情。）

❖ **indifferent** 〔 ɪnˈdɪfərənt 〕*adj*. 冷漠的< *to* >

······ indifference *n*.

The police were *indifferent to* the matter.
（警方對這件事情漠不關心。）

❖ **idle** 〔ˈaɪdḷ 〕*adj*. 閒着的；懶惰的　　······ idleness *n*.

They are *idle* because there is no work for them.
（他們因爲無事可做而閒着。）

The *idle* boy wouldn't study.
（這名懶惰的男孩不肯唸書。）

❖ **reluctant** 〔 rɪˈlʌktənt 〕*adj*. 不情願的

······ 同 unwilling 〔 ʌnˈwɪlɪŋ 〕*adj*.　　reluctance *n*.

I was *reluctant* to give him my phone number.
（我很不情願給他我的電話號碼。）

┄┄┄ ‖‖‖‖犯罪 ★ 牢獄‖‖‖‖ ┄┄┄

◇ **murder**〔'mɜdɚ〕*n., v.* 謀殺　┄┄┄ murderous *adj.*

He was guilty of *murder*.（他犯了謀殺罪。）

◇ **guilty**〔'gɪltɪ〕*adj.* 有罪的（↔ *innocent*）

┄┄┄ guilt *n.*

He was judged *guilty* by the court.

（他被法庭判決有罪。）

◇ **prison**〔'prɪzn〕*n.* 監獄　┄┄┄ prisoner *n.* 犯人

The convict was in *prison* for three years.

（這名罪犯坐了三年牢。）

◇ **jail**〔dʒel〕*n.* 監獄

He was sent to *jail* for the robbery.

（他因搶刼而入獄。）

◇ **suspicion**〔sə'spɪʃən〕*n.* 懷疑

┄┄┄ 反 trust〔trʌst〕*n.* 信任　　suspect *v.*　　suspicious *adj.*

His story aroused my *suspicion*.

（他的說詞引起我的懷疑。）

＊ arouse〔ə'raʊz〕*v.* 引起

◇ **poison**〔'pɔɪzn〕*n.* 毒；毒藥　*v.* 下毒

┄┄┄ poisonous *adj.* 有毒的

He killed himself by taking *poison*.

（他服毒自殺。）

REVIEW 13

（解答見 p.244）

1. How can you create an_____conversation? 〔四技商專・
  四技工專〕
  (A) agreement   (B) agreeable
  (C) agree   (D) agreeably

2. People living in cities for a long time are often completely_____of farm life. 〔四技工專・中區夜二專〕
  (A) beware   (B) availably
  (C) greedy   (D) ignorant

3. Proved_____of bribery, the official was soon sent to jail. 〔四技工專〕
  (A) innocent   (B) guiltless
  (C) forgivable   (D) guilty

4. _____he planned to come but then he changed his mind. 〔四技商專〕
  (A) Origin   (B) Original
  (C) Origination   (D) Originally

5. You have to fill out this_____form before you see the manager. 〔四技商專・彰化師大〕
  (A) applicable   (B) application   (C) apply   (D) applicant

6. People who are fat or overweight often have high blood _____. 〔保送甄試〕
  (A) press   (B) print   (C) calorie   (D) pressure

7. He takes much_____in teasing me every now and then.
  (A) delight   (B) amuse   〔保送甄試〕
  (C) press   (D) agreement

······ ‖‖‖‖集中 ★ 分散‖‖‖‖· ······

❖ **concentrate** 〔'kɑnsṇˌtret,-sɛn-〕 *v.* 專注＜*on*＞
　······ concentration *n.*

　You should *concentrate on* the road when you're
　driving.（你開車時應該注意路上狀況。）

❖ **scatter** 〔'skætɚ〕 *v.* 散播

　We *scattered* seeds all over the field.
　（我們在田裡到處撒種子。）

❖ **separate** 〔'sɛpəˌret〕 *v.* 分開　〔'sɛpərɪt〕 *adj.* 分開的
　······⃞同 divide〔də'vaɪd〕*v.*　　separation *n.*

　We must *separate* politics from religion.
　（我們必須把政治和宗教分開。）

❖ **spare**〔spɛr〕*v.* 挪出；吝惜　*adj.* 多餘的

　Can you *spare* me a few minutes？
　（你可不可以挪出幾分鐘給我？）
　Spare the rod and spoil the child.
　（＜諺＞不打不成器。）
　What do you do in your *spare* time？
　（你空閒時間都做些什麼事？）
　＊ rod〔rɑd〕*n.* 棍子；教鞭　　spoil〔spɔɪl〕*v.* 寵壞

······ ‖‖‖‖經濟 ★ 實驗‖‖‖‖· ······

❖ **wealth**〔wɛlθ〕*n.* 財富　······ wealthy *adj.*

　He is a man of *wealth*.（他是一個有錢的人。）

◇ **bill** 〔 bɪl 〕 *n*. 帳單；法案

She paid the ***bill*** for the meal.（她為這餐飯付帳。）
The President signed the ***bill*** into law.
（總統簽署通過該法案。）

◇ **stock** 〔 stɑk 〕 *n*. 儲藏；股票

We have a large ***stock*** of food in case of emergency.
（我們儲存大量糧食以防萬一。）
He works at the ***stock*** exchange.
（他在證券交易所上班。）
* emergency 〔 ɪ'mɝdʒənsɪ 〕 *n*. 緊急情況

◇ **property** 〔 'prɑpətɪ 〕 *n*. 財產；地產

He has a large ***property*** in Taichung.
（他在台中有一大片地產。）

◇ **heritage** 〔 'hɛrətɪdʒ 〕 *n*. 遺產

······同 inheritance 〔 ɪn'hɛrətəns 〕 *n*.　　heritable *adj*. 可繼承的
Freedom of speech is part of the American cultural
heritage.（言論自由是美國文化遺產的一部分。）

◇ **contract** 〔 'kɑntrækt 〕 *n*. 契約

Our shop made a ***contract*** with a clothing firm.
（我們的商店和一家成衣公司訂有契約。）

◇ **experiment** 〔 ɪk'spɛrəmənt 〕 *n*. 實驗

······同 test 〔 tɛst 〕 *n*., *v*.　　experimental 〔 ,ɪkspɛrə'mɛnt!〕 *adj*.
They carried out a new ***experiment*** in chemistry.
（他們做了一個新的化學實驗。）

❖ **laboratory**〔'læbrə,torɪ〕*n.* 實驗室

A ***laboratory*** is a room where experiments are done.
（實驗室就是做實驗的地方。）

❖ **welfare**〔'wɛl,fɛr〕*n.* 福利

He works at the ***welfare*** office.（他在福利處工作。）

·······‖‖‖‖‖**欣賞 ★ 感謝**‖‖‖‖‖·······

❖ **admire**〔əd'maɪr〕*v.* 欽佩；欣賞
······ admiration〔,ædmə'reʃən〕*n.*

I ***admire*** him for his bravery.（我很欽佩他的勇敢。）
They ***admired*** the scenic view from the hill.
（他們從山丘上欣賞風景。）
＊ bravery〔'brevərɪ〕*n.* 勇敢　　scenic〔'sinɪk〕*adj.* 風景的

❖ **praise**〔prez〕*v.*,*n.* 稱讚　　······ 囷 blame *v.* 指責

He ***praised*** her beauty.（他稱讚他的美貌。）
He received a lot of ***praise***.
（他受到很多讚美。）

❖ **appreciate**〔ə'priʃɪ,et〕*v.* 重視；感謝
······ appreciation *n.*

Almost everybody ***appreciates*** good food.
（幾乎每個人都很重視美食。）
I would ***appreciate*** it if you could lend me your car.
（如果你肯借我車子，我會很感謝。）

❖ **celebrate** 〔ˈsɛləˌbret〕 v. 慶祝　　⋯⋯ celebration n.

　We *celebrated* the New Year with a party.

　（我們開舞會來慶祝新年。）

❖ **congratulate** 〔kənˈgrætʃəˌlet〕 v. 祝賀 < *on* >

　⋯⋯ congratulation n.

　I heartily *congratulate* you *on* your success.

　（我很誠懇地恭喜你成功了。）

　＊ heartily 〔ˈhɑrtɪlɪ〕 *adv.* 誠摯地

❖ **favo(u)r** 〔ˈfevɚ〕 n. 恩惠；好感；支持　　v. 支持

　⋯⋯ favo(u)rable *adj.* 贊成的；有利的

　　　ask a favor of sb. 請某人幫忙

　I want to *ask a favor of you.* （我想請你幫個忙。）

　He did all he could to win her *favor*.

　（他竭盡所能去贏得她的好感。）

　A referee should not *favor* either side.

　（裁判不可以偏袒任何一方。）

　＊ referee 〔ˌrɛfəˈri〕 *n.* 裁判

⋯⋯⋯ ‖‖‖‖‖ 從事 ★ 雇用 ‖‖‖‖‖ ⋯⋯⋯

❖ **engage** 〔ɪnˈgedʒ〕 v. 從事 < *in* >；忙於；訂婚

　⋯⋯ engagement n. 約會；訂婚；承諾

　My father is *engaged* in foreign trade.

　（我父親從事於外貿工作。）

　He is *engaged* to my sister.

　（他和我姊姊訂婚了。）

　＊ foreign 〔ˈfɔrɪn〕 *n.* 外國的

❖ **adopt** 〔əˊdɑpt〕*v.* 收養；採用　……adoption *n.*

He's not my real father; I'm *adopted*.

（他不是我的生父，我是養子。）

We *adopted* the new method of making wine.

（我們採用新的製酒方法。）

❖ **employ** 〔ɪmˊplɔɪ〕*v.* 雇用（↔ *dismiss*）

……employment *n.* 雇用；職業　employee *n.* 雇員

employer *n.* 雇主

The factory *employed* 200 workers.

（這家工廠雇用了200名工人。）

❖ **dismiss** 〔dɪsˊmɪs〕*n.* 解雇；解散

……同 fire〔faɪr〕*v.* 解雇　dismissal *n.*

If you are late again you'll be *dismissed*.

（你如果再遲到，就會被解雇。）

After the bell rang, the teacher *dismissed* the class.

（鈴響後，老師就下課了。）

❖ **undertake** 〔ˌʌndəˊtek〕*v.* 從事；着手

〔undertook, undertaken〕

Reluctantly, John *undertook* the mission.

（約翰很不情願地接下任務。）

* mission〔ˊmɪʃən〕*n.* 任務

❖ **hire** 〔haɪr〕*v.* 雇用（= *employ*）；租借

He *hired* a maidservant to do the housework.

（他雇用一名女傭來做家事。）

Let's *hire* a car for the weekend.（我們週末去租輛車吧！）

* maidservant〔ˊmed͵sɝvənt〕*n.* 女傭

······ ‖‖‖‖‖ 腦力 ★ 活動 ‖‖‖‖‖ ·······

◇ **translate** 〔ˌtræns'let〕 *v*. 翻譯　······ translation *n*.

This book was ***translated*** from French to English.

（這本書由法文翻成英文。）

◇ **interpret** 〔ɪn'tɝprɪt〕 *v*. 口譯；解釋

······ interpretation *n*.　　interpreter *n*.

He ***interprets*** from Chinese to English.

（他把中文口譯成英文。）

Do you ***interpret*** his words as a compliment？

（你把他的話當作恭維嗎？）

＊ compliment 〔'kɑmpləmənt〕 *n*. 恭維

◇ **memorize** 〔'mɛməˌraɪz〕 *v*. 背誦　······ memory *n*. 記憶

Memorize the poem by next week.

（下星期之前要把這首詩背起來。）

◇ **recall** 〔rɪ'kɔl〕 *v*., *n*. 召回；想起；撤銷

······ 圓 remember 〔rɪ'mɛmbɚ〕 *v*. 記得

The government ***recalled*** that ambassador.

（政府召回那位大使。）

I cannot ***recall*** meeting him before.

（我想不起以前是否見過他。）

◇ **define** 〔dɪ'faɪn〕 *v*. 下定義

······ definition 〔ˌdɛfə'nɪʃən〕 *n*.

Some words are hard to ***define***.

（有些字很難定義。）

······ ‖‖‖‖‖複雜 ★ 單調‖‖‖‖‖ ·······

❖ **complex** 〔 kəm'plɛks, 'kɑmplɛks 〕 *adj.* 複雜的
〔'kɑmplɛks〕 *n.* 情結；複合物
······ 反 simple〔'sɪmpl̩〕 *adj.* 簡單的　　complexity〔kəm'plɛksɪtɪ〕 *n.*
A computer is a ***complex*** machine.
（電腦是很複雜的機器。）

❖ **variety** 〔 və'raɪətɪ 〕 *n.* 多樣性；變化
······ various〔'vɛrɪəs〕 *adj.* 各式各樣的
I wish there was more ***variety*** in my work.
（我希望我的工作能多一點變化。）

❖ **monotonous** 〔 mə'nɑtənəs 〕 *adj.* 單調的
······ monotony *n.*
This story is rather ***monotonous***.
（這篇故事相當單調。）

❖ **direct** 〔 də'rɛkt 〕 *adj.* 直接的（ ↔ *indirect* ）　*v.* 指導
There is a ***direct*** flight from Taipei to Los Angeles.
（從台北到洛杉磯有直飛班機。）

······ ‖‖‖‖‖機緣 ★ 巧合‖‖‖‖‖ ·······

❖ **coincidence** 〔 ko'ɪnsədəns 〕 *n.* 巧合
······ coincide〔,koɪn'saɪd〕 *v.* 符合；巧合
What a ***coincidence*** to be on the same train with you!
（真是巧合，竟然和你搭同一班火車。）

◇ **casual** 〔ˈkæʒʊəl 〕 *adj.* 偶然的；臨時的；隨便的

    …… 同 accidental 〔͵æksəˈdɛntḷ 〕 *adj.* 偶然的

        反 deliberate 〔dɪˈlɪbərɪt 〕 *adj.* 故意的

  It was a ***casual*** meeting. （這是一次臨時會議。）

  I took a ***casual*** look at the magazine.

  （我隨意地看了一下這本雜誌。）

◇ **occasion** 〔əˈkeʒən 〕 *n.* 時機；場合

    …… occasional *adj.* 偶爾的

  If there is a suitable ***occasion***, I'll introduce you to
  him. （如果有適當的時機，我會把你介紹給他。）

  He offered his congratulations on the happy ***occasion***.

  （他在這個快樂的場合裏致上道賀。）

◇ **opportunity** 〔͵ɑpəˈtjunətɪ 〕 *n.* 機會

    …… 同 chance 〔tʃæns 〕 *n.*

  We have little ***opportunity*** of using English.

  （我們很少有機會使用英文。）

◇ **instance** 〔ˈɪnstəns 〕 *n.* 例子

    …… 同 example 〔ɪgˈzæmpḷ 〕 *n.*　　*for instance* 例如

  This is an ***instance*** of modern British life.

  （這是現代英國生活的一個例子。）

  I like sweets, *for* ***instance***, chocolate and ice cream.

  （我喜歡甜食，例如巧克力和冰淇淋。）

  ＊ sweet 〔swit 〕 *n.* 甜食（常用複數）

####### ‥‥‥‥ ‖‖‖光榮 ★ 其他‖‖‖ ‥‥‥‥

◇ **glory** 〔'glorɪ , 'glɔrɪ 〕 *n*. 光榮　　‥‥‥ glorious *adj*.

We ran for the ***glory*** of the school.

（我們爲了學校的榮譽而跑。）

◇ **hono(u)r** 〔'ɑnɚ 〕 *n*. 榮譽（ ↔ *dishonour* ）；敬意

‥‥‥ honorable *adj*.　　*in one's hono(u)r* 對某人表示敬意

It's a great ***honor*** to have had the King visit our

city.（國王能蒞臨本市，眞是榮幸之至。）

The party was held *in* the professor's ***honor***.

（這場宴會是爲了對這位敎授表示敬意而舉行的。）

◇ **reputation** 〔 ,rɛpjə'teʃən 〕 *n*. 名聲

‥‥‥同 fame 〔 fem 〕 *n*.　　reputable 〔'rɛpjətəbḷ〕 *adj*. 名聲好的

He has a good ***reputation***.（他有很好的名聲。）

◇ **deserve** 〔 dɪ'zɝv 〕 *v*. 應得；值得

He ***deserved*** first prize.（他得第一名是應該的。）

His theory ***deserves*** consideration.

（他的理論值得考慮。）

◇ **effect** 〔 ɪ'fɛkt 〕 *n*. 結果；效果

‥‥‥ effective *adj*. 有效的

One of the ***effects*** of bad weather is a poor crop.

（天氣惡劣的結果之一就是收成不佳。）

Don't look at the details, consider the general ***effect***.

（不要只注意細節，要考慮到一般的效果。）

◇ **signature** 〔'sɪɡnətʃɚ〕 *n*. 簽名 ⋯⋯ sign *v*.

This document needs the President's *signature*.

（這份文件需要總統的簽名。）

＊document〔'dɑkjəmənt〕*n*. 文件

◇ **attribute** 〔ə'trɪbjut〕*v*. 歸因於＜*to*＞
〔'ætrə,bjut〕*n*. 特質；屬性

Jim *attributes* his success *to* hard work.

（吉姆將他的成功歸因於努力。）

She has many *attributes* of a good teacher.

（她具有許多好老師的特質。）

10 個理由選學習！

師資最優，學費最低，讓你選學習義無反顧。
十個理由更讓你信心百倍，聯考締佳績。

1. 環境單純，交通便利。
2. 設備一流，師資超強。
3. 聯考詳解，掌握命題趨向。
4. 教室寬敞明亮，礦泉水乾淨衛生。
5. 學費全國最低，學生福利最優。
6. 考試仿聯考形式，高額獎學金制度。
7. 段考成績電腦化，24 小時內公布。
8. 報名任何班次，可免費至他班聽課。
9. 六十餘位頂尖名師，全天候輔導
   老師駐班。
10. 拒收抽煙同學，學生素質最高。

|||||||||||||||||||||||||||||||| REVIEW ⑭ ||||||||||||||||||||||||||||||||||||||

（解答見 p.244）

1. You have to ask for_____when you get lost in the city. 〔四技商專〕
   (A) exposures
   (B) hamburgers
   (C) directions
   (D) patients

2. The_____(vary) of merchandise in the store awed us. 〔師大工教•四技商專〕

3. Honesty is an_____(admire) characteristic. 〔師大工教〕

4. He was_____to be a very learned scholar but actually he was a fake. 〔北區夜二專〕
   (A) reputably
   (B) reputed
   (C) reputation
   (D) reputability

5. I wish to express my_____for your help. 〔北區夜二專〕
   (A) attention
   (B) description
   (C) appreciation
   (D) intersection

6. Although he is rich, he is not happy. 〔四技商專〕
   (A) silly
   (B) selfish
   (C) healthy
   (D) wealthy

7. She is a very_____person. She seldom pays attention to the dress she wears. 〔四技工專〕
   (A) casualty
   (B) casual
   (C) catch
   (D) certificate

STEP 3

······ ‖‖‖‖‖取決 ★ 結論‖‖‖‖‖ ·······

❖ **resolve** [rɪ'zɑlv] *v.* 決定;解決
······ resolution [ˌrɛzə'ljuʃən] *n.* 決定;堅決
resolute ['rɛzəˌlut] *adj.* 堅決的
He *resolved* to study harder. (他決定更加用功讀書。)
The problem was *resolved* quickly. (這個問題很快就被解決了。)

❖ **determine** [dɪ'tɝmɪn] *v.* 決定
······ 回 decide [dɪ'saɪd] *v.*　determination *n.*
He *determined* to go at once. (他決定馬上走。)

❖ **conclude** [kən'klud] *v.* 下結論　······ conclusion *n.*
The judge *concluded* that the prisoner was guilty.
(法官判定犯人有罪 。)

❖ **conclusion** [kən'kluʒən] *n.* 結論(= *decision*)
······ conclude *v.*
What *conclusion* did you reach? (你的結論是什麼?)

❖ **decision** [dɪ'sɪʒən] *n.* 決定　······ decide *v.*
Who made the *decision* to go there? (是誰決定去那裏的?)

❖ **definition** [ˌdɛfə'nɪʃən] *n.* 定義　······ define *v.*
I don't think the *definition* is accurate.
(我不覺得這是正確的定義 。)

####### ⸱⸱⸱⸱⸱⸱⸱ ‖‖‖‖社會 ★ 習慣‖‖‖‖‖ ⸱⸱⸱⸱⸱⸱⸱

◇ **anniversary** 〔͵ænə'vɝsərɪ〕 *n.* 紀念日

Today is our tenth wedding *anniversary*.

（今天是我們結婚十週年紀念日。）

◇ **graduation** 〔͵grædʒʊ'eʃən〕 *n.* 畢業　⸱⸱⸱⸱⸱⸱ graduate *v.*

The *graduation* ceremony was held in a large hall.

（畢業典禮在一個大禮堂舉行。）

　* ceremony 〔'sɛrə͵monɪ〕 *n.* 典禮

◇ **graduate** 〔'grædʒʊ͵et〕 *v.* 畢業 〔'grædʒʊɪt〕 *n.* 畢業生

　⸱⸱⸱⸱⸱⸱ graduation *n.*

He *graduated* from Oxford. （他畢業於牛津大學。）

He is a *graduate* of Cambridge University.

（他畢業於劍橋大學。）

◇ **toast** 〔tost〕 *n.*,*v.* 乾杯

Let's drink a *toast* to the young couple！

（讓我們為這對新人乾杯。）

We *toasted* his health. （我們為他的健康乾杯。）

◇ **luxury** 〔'lʌkʃərɪ〕 *n.* 奢侈；奢侈品

　⸱⸱⸱⸱⸱⸱ luxurious 〔lʌk'ʃʊrɪəs͵lʌg'ʒʊ-〕 *adj.*

They led a life of *luxury*.

（他們過著奢華的生活。）

Stop spending money on *luxuries*.

（不要再把錢花在奢侈品上了。）

◇ **social** 〔'soʃəl〕 *adj.* 社會的；社交的

⋯⋯ society 〔sə'saɪətɪ〕 *n.*　　socialize *v.* 社會化

He has an active *social* life. (他的社交生活很活躍。)

◇ **neutral** 〔'njutrəl〕 *adj.* 中立的；中性的

Switzerland is a *neutral* country. (瑞士是一個中立國。)

◇ **consensus** 〔kən'sɛnsəs〕 *n.* 意見的一致；輿論

We have reached a *consensus* on this issue.
(我們對這個問題已達成共識。)

⋯⋯⋯ ‖‖‖‖‖地理 ★ 景觀‖‖‖‖‖ ⋯⋯⋯

◇ **continent** 〔'kɑntənənt〕 *n.* 大陸；洲

⋯⋯ continental 〔,kɑntə'nɛntḷ〕 *adj.*

How many *continents* are there in the world ?
(世界上有幾大洲?)

◇ **harbo(u)r** 〔'hɑrbə〕 *n.* 港　⋯⋯ 圓 port 〔port〕 *n.*

The island has a fine *harbor*.
(這個島上有一個很好的海港。)

◇ **volcano** 〔vɑl'keno〕 *n.* 火山　⋯⋯ volcanic *adj.*

The *volcano* erupted three times last week.
(那座火山上星期爆發了三次。)

＊ erupt 〔ɪ'rʌpt〕 *v.* 爆發

◇ **stream** 〔strim〕 *n.* 河流

The boys were able to walk across the *stream*.
(那些男孩能夠徒步渡河。)

❖ **channel** 〔'tʃænḷ〕 *n.* 海峽；水道；（電視的）頻道

The English ***Channel*** separates England and France.
（英吉利海峽隔開了英國和法國。）

Switch to the other ***channel***. I don't like this show.
（轉別台吧！我不喜歡這個節目。）

❖ **desert** 〔'dɛzət〕 *n.* 沙漠 〔dɪ'zɜt〕 *v.* 遺棄；拋棄
　　☞ dessert 〔dɪ'zɜt〕 *n.* 甜點

The city was located on an oasis in the ***desert***.
（這座城市位於沙漠中的綠洲上。）

All my friends have ***deserted*** me !
（我所有的朋友都遺棄了我。）

＊ oasis 〔o'esɪs, 'oəsɪs〕 *n.* 綠洲

❖ **canal** 〔kə'næl〕 *n.* 運河

The Panama ***Canal*** joins two oceans.
（巴拿馬運河連接了二大洋。）

❖ **scenery** 〔'sinərɪ〕 *n.* 風景（集合名詞）
　　…… scene *n.*　　scenic *adj.*

The ***scenery*** is beautiful in that area.
（那個地區的風景非常優美。）

❖ **landscape** 〔'læn(d),skep〕 *n.* 風景；景觀

The Grand Canyon is famous for its splendid ***landscape***.
（大峽谷以其壯麗的景觀而聞名。）

＊ canyon 〔'kænjən〕 *n.* 峽谷

······ ‖‖‖創造 ★ 構成‖‖‖ ·······

◇ **compose** 〔kəm'poz〕 *v.* 構成；作曲

······ composition 〔,kɑmpə'zɪʃən〕 *n.* 作文；作品；構成

Water is *composed* of hydrogen and oxygen.

（水是由氫和氧構成的。）＊ hydrogen 〔'haɪdrədʒən〕 *n.* 氫

Mozart began to *compose* when he was six years old.

（莫札特六歲就開始作曲。）

◇ **create** 〔krɪ'et〕 *v.* 創造

······ creation *n.*　　creative *adj.* 有創造力的

God *created* the world.（上帝創造世界。）

◇ **consist** 〔kən'sɪst〕 *v.* 由～組成＜*of*＞；存於＜*in*＞

······ consistent *adj.* 一致的

A week *consists of* seven days.（一星期有七天。）

Happiness *consists in* contentment.（幸福在於滿足。）

＊ contentment 〔kən'tentmənt〕 *n.* 滿意；知足

◇ **establish** 〔ə'stæblɪʃ〕 *v.* 創立　　······ establishment *n.*

This company was *established* in 1959.

（這家公司創立於 1959 年。）

◇ **constitution** 〔,kɑnstə'tjuʃən〕 *n.* 構成；憲法；體格

······ constitute 〔'kɑnstə,tjut〕 *v.* 構成

He is responsible for the *constitution* of the new com-

mittee.（他負責組成新的委員會。）

Japan has a written *constitution*.（日本有成文憲法。）

He has a strong *constitution*.（他的體格强壯。）

＊ written 〔'rɪtṇ〕 *adj.* 成文的

······· ||||||||工作 ★ 職業||||||||· ·······

◇ **lawyer** 〔'lɔjɚ〕 *n.* 律師

······ 同 counselor 〔'kaʊnslɚ〕 *n.*　　　law *n.* 法律

You have to consult a *lawyer*. (你必須去請教律師 。)

* consult 〔kən'sʌlt〕 *v.* 請教

◇ **priest** 〔prist〕 *n.* 牧師 ; 僧侶

The *priest* comes from Ireland. (這位牧師來自愛爾蘭。)

◇ **editor** 〔'ɛdɪtɚ〕 *n.* 編輯　　······ edit *v.*

Who is the *editor* of the magazine?

(這份雜誌的編輯是誰?)

◇ **critic** 〔'krɪtɪk〕 *n.* 批評家

······ critical *adj.* 吹毛求疵的 ; 重要的　　　criticism *n.* 批評

He is a music *critic* for The Times.

(他是時代雜誌的樂評家 。)

◇ **scholar** 〔'skɑlɚ〕 *n.* 學者　　······ school *n.* 學校

He was a great *scholar*. (他是個偉大的學者 。)

◇ **professor** 〔prə'fɛsɚ〕 *n.* 教授 (簡寫爲 Prof.)

He is a *professor* at London University.

(他是倫敦大學的教授 。)

◇ **statesman** 〔'stetsmən〕 *n.* 政治家

······ 同 politician 〔ˌpɑlə'tɪʃən〕 *n.*

Churchill was a great *statesman*.

(邱吉爾是一位偉大的政治家 。)

❖ **surgeon** 〔ˈsɝdʒən〕 *n.* 外科醫生

☞ physician 〔fəˈzɪʃən〕 *n.* 內科醫生　doctor 〔ˈdɑktɚ〕 *n.* 醫生

The operation was performed by a famous *surgeon*.

（這次手術由一位著名的外科醫生執刀。）

＊ perform 〔pɚˈfɔrm〕 *v.* 執行

❖ **detective** 〔dɪˈtɛktɪv〕 *n.* 偵探

……detect *v.*　*a detective story*　偵探小說

We employed a private *detective*.

（我們雇用了一位私家偵探。）

＊ private 〔ˈpraɪvɪt〕 *adj.* 私人的

❖ **grocer** 〔ˈgrosɚ〕 *n.* 雜貨店商人

……grocery *n.* 雜貨；雜貨店　*the grocer's* 雜貨店

I bought some flour at *the grocer's*.

（我在雜貨店買了一些麵粉。）

❖ **missionary** 〔ˈmɪʃən,ɛrɪ〕 *n.* 傳教士　……mission *n.* 任務

He came to Taiwan as a *missionary*.（他到台灣傳教。）

❖ **author** 〔ˈɔθɚ〕 *n.* 作者；作家　……同 writer 〔ˈraɪtɚ〕 *n.*

My favorite *author* is Bob Greene.

（我最喜歡的作家是鮑布‧葛林。）

❖ **secretary** 〔ˈsɛkrə,tɛrɪ〕 *n.* 秘書；部長

She has been a *secretary* for two years.

（她已經當了二年的秘書。）

He was appointed as *Secretary* of Defense by the President.（他被總統任命為國防部長。）

······ ‖‖‖‖ **體態 ★ 外表** ‖‖‖‖ ······

◇ **slender** 〔'slɛndɚ〕 *adj.* 纖細的　　······同 slim 〔slɪm〕 *adj.*
　She is very ***slender***. （她非常纖細。）

◇ **figure** 〔'fɪgjɚ, 'fɪgɚ〕 *n.* 體態；數字；人物；圖畫
　v. 計算；想　　······ *figure out* 理解
　She has a good ***figure***. （她的身材很好。）
　Gandhi was one of the greatest ***figures*** in Indian
　history. （甘地是印度歷史上最偉大的人物之一。）
　I can't ***figure out*** what he means by saying this.
　（我無法了解他說這話是什麼意思。）

◇ **image** 〔'ɪmɪdʒ〕 *n.* 肖像；想像
　Whose ***image*** is on this coin？
　（這個銅板上是誰的肖像？）

◇ **feature** 〔'fitʃɚ〕 *n.* 容貌；特徵
　The actress has charming ***features***.
　（那位女演員的容貌非常迷人。）
　* actress 〔'æktrɪs〕 *n.* 女演員　charming 〔'tʃɑrmɪŋ〕 *adj.* 迷人的

◇ **appearance** 〔ə'pɪrəns〕 *n.* 外表；出現
　······ 反 disappearance *n.* 消失　　appear *v.* 出現
　He was of untidy ***appearance***. （他儀容不整。）
　My ***appearance*** at the party was not very welcome.
　（在舞會上，我的出現並不太受歡迎。）
　* untidy 〔ʌn'taɪdɪ〕 *adj.* 不整潔的

❖ **aspect** 〔'æspεkt〕 *n.* 方面；外觀

We must consider every *aspect* of the problem.

（我們必須考慮這個問題的各方面。）

······ ‖‖‖‖‖ 專門 ★ 學問 ‖‖‖‖‖ ······

❖ **geography** 〔dʒi'ɑgrəfı〕 *n.* 地理學

······ geographic 〔,dʒiə'græfık〕 *adj.*

She is studying *geography*. （她正在念地理。）

❖ **geometry** 〔dʒi'ɑmətrı〕 *n.* 幾何學

······ geometric 〔,dʒiə'mεtrık〕 *adj.*

He bought some *geometry* books.（他買了幾本幾何學的書。）

❖ **logic** 〔'lɑdʒık〕 *n.* 邏輯學   ······ logical *adj.* 合邏輯的

I cannot follow his *logic*. （我無法了解他的邏輯觀念。）

❖ **statistics** 〔stə'tıstıks〕 *n.* (單數)統計學；*pl.* 統計數字

······ statistical *adj.*

He is a professor of *statistics* in our department.

（他是我們系上教統計學的教授。）

These *statistics* do not tell the whole story.

（這些統計數字不足以敘述整件事情。）

❖ **politics** 〔'pɑlə,tıks〕 *n.* (單數)政治學；(單複數同形)政治

······ political 〔pə'lıtıkl̩〕 *adj.*

He majored in *politics* at college.（他念大學時主修政治學。）

I am not interested in *politics*. （我對政治沒有興趣。）

　＊ major 〔'medʒɚ〕 *v.* 主修

❖ **philosophy** 〔fə'lɑsəfɪ〕 *n.* 哲學

　　…… philosophic 〔,fɪlə'sɑfɪk〕 *adj.*　　philosopher *n.*

　That man is an expert on Eastern *philosophy.*

　（那個人是東方哲學的專家。）

　　＊ expert 〔'ɛkspɚt〕 *n.* 專家

❖ **chemistry** 〔'kɛmɪstrɪ〕 *n.* 化學　　…… chemical *adj.*

　I shared my room with a *chemistry* major.

　（我和一個化學系的學生同住一室。）

　　＊ major 〔'medʒɚ〕 *n.* 主修～的學生

❖ **biology** 〔baɪ'ɑlədʒɪ〕 *n.* 生物學

　　…… biologist *n.* 生物學家　　biological 〔,baɪə'lɑdʒɪkl̩〕 *adj.*

　She has a degree in *biology.* （她有生物學的學位。）

　　＊ degree 〔dɪ'gri〕 *n.* 學位

❖ **physics** 〔'fɪzɪks〕 *n.* 物理學

　　…… physical *adj.* 身體的；物質的　　physicist *n.* 物理學家

　He majors in *physics.* （他主修物理學。）

❖ **psychology** 〔saɪ'kɑlədʒɪ〕 *n.* 心理學

　　…… psychological 〔,saɪkə'lɑdʒɪkl̩〕 *adj.*

　He teaches *psychology* at that college.

　（他在那所大學教心理學。）

❖ **botany** 〔'bɑtn̩ɪ〕 *n.* 植物學　　…… botanical 〔bo'tænɪkl̩〕 *adj.*

　Botany is the scientific study of plants.

　（植物學是對植物所作的科學研究。）

❖ **anthropology** 〔,ænθrə'pɑlədʒɪ〕 *n.* 人類學

　I study *anthropology* at college.（我在大學裏學人類學。）

REVIEW ⑮

（解答見 p.244）

1. The old doctor has much_____experience. 〔北區夜二專〕
   (A) surgeon (B) surgery (C) surgical (D) surgically

2. What do we have for_____? Ice-cream. 〔保送甄試〕
   (A) desert (B) deserted (C) dessert (D) ornament

3. His_____(determine) to succeed overcame all
   obstacles. 〔師大工教〕

4. Tom is a very_____boy; he always has neat ideas.
   (A) creative (B) creature 〔四技商專〕
   (C) creation (D) create

5. Don't jump_____any conclusions before you've heard
   both sides of the story. 〔北區夜二專・師大工教〕
   (A) at (B) to (C) in (D) into

6. Jack just finished high school. He is a high school
   _____. 〔四技商專〕
   (A) graduating (B) graduation
   (C) graduator (D) graduate

7. His tall built gave him the_____of a basketball
   player. 〔四技商專〕
   (A) appear (B) disappear
   (C) appearance (D) disappearance

······ ⑪⑪⑪建築 ★ 藝術 ⑪⑪⑪· ·······

❖ **temple**〔'tɛmpḷ〕 *n.* 寺廟

Lungshan *Temple* is the oldest *temple* in Taipei.

（龍山寺是台北市最古老的廟宇。）

❖ **shrine**〔ʃraɪn〕 *n.* 神殿；祠堂

There are many temples and *shrines* in Kyoto.

（在京都有很多寺廟和神殿。）

❖ **residence**〔'rɛzədəns〕 *n.* 居住；居所（ = *house* ）

······ reside〔rɪ'saɪd〕 *v.* 居住　　　resident *n.* 居民
　　residential〔,rɛzə'dɛnʃəl〕 *adj.*

10 Downing Street is the British Prime Minister's
official *residence*.

（唐寧街十號是英國首相的官邸所在。）

* *prime minister* 首相；行政院長

❖ **gymnasium**〔dʒɪm'nezɪəm〕 *n.* 體育館

······ gymnastic〔dʒɪm'næstɪk〕 *adj.* 體育的

The school has a large *gymnasium*.

（這所學校有一棟很大的體育館。）

❖ **architecture**〔'ɑrkə,tɛktʃɚ〕 *n.* 建築；建築學

It's a very fine example of traditional *architecture*.

（這是傳統建築的一個很好的範例。）

◇ **structure** 〔'strʌktʃɚ〕 *n.* 構造;建築物 ······ structural *adj.*
This book explains the *structure* of the brain.
（這本書中解釋了人類大腦的構造。）
The Parthenon is a magnificent marble *structure*.
（帕德嫩神廟是一棟雄偉的大理石建築。）
* marble 〔'mɑrbḷ〕 *n.* 大理石

◇ **portrait** 〔'portret, 'pɔr-, -trit〕 *n.* 肖像
······ portray 〔por'tre〕 *v.* 描繪
This is the *portrait* of Napoleon.（這是拿破崙的肖像。）

◇ **statue** 〔'stætʃu〕 *n.* 雕像
The *Statue* of Liberty is the symbol of freedom.
（自由女神像是自由的象徵。）
* symbol 〔'sɪmbḷ〕 *n.* 象徵

◇ **masterpiece** 〔'mæstɚ,pis〕 *n.* 傑作
The Mona Lisa was Leonardo's *masterpiece*.
（「蒙娜麗莎」是達文西的傑作。）

◇ **ornament** 〔'ɔrnəmənt〕 *n.* 裝飾品 〔'ɔrnə,mɛnt〕 *v.* 裝飾
······ 同 decoration 〔,dɛkə'reʃən〕 *n.*
The room is full of *ornaments*.（房間裏滿是裝飾品。）
The dress was *ornamented* with lace.（這件衣服飾有花邊。）

◇ **column** 〔'kɑləm〕 *n.* 圓柱；欄
The temple roof is supported by wooden *columns*.
（這座寺廟屋頂由木頭柱子支撐著。）
I like reading his *column* in the paper.
（我喜歡閱讀他在報上的專欄。）

······· ‖‖‖‖‖明示 ★ 暴露‖‖‖‖ ·······

◇ **confess** 〔kən'fɛs〕 *v*. 承認；自白
······ 反 conceal 〔kən'sil〕 *v*. 隱藏　　confession *n*.

The prisoner *confessed* his crime.
（這個犯人承認了他的罪狀。）

◇ **expose** 〔ɪk'spoz〕 *v*. 暴露
······ 同 uncover 〔ʌn'kʌvɚ〕 *v*.　　exposure *n*.
exposition 〔,ɛkspə'zɪʃən〕 *n*. 展覽會

You shouldn't *expose* your skin to the sun.
（你不該讓皮膚曝曬在太陽下。）

◇ **reveal** 〔rɪ'vil〕 *v*. 洩露　　······ revelation 〔,rɛvl̩'eʃən〕 *n*.

I cannot *reveal* details of the plan.
（我不能洩露計劃的細節。）

······· ‖‖‖身份 ★ 地位‖‖‖‖ ·······

◇ **widow** 〔'wɪdo〕 *n*. 寡婦　　☞ widower 〔'wɪdəwɚ〕 *n*. 鰥夫

She has been a *widow* for 5 years.（她守寡五年了。）

◇ **orphan** 〔'ɔrfən〕 *n*. 孤兒
······ orphanage 〔'ɔrfənɪdʒ〕 *n*. 孤兒院

Would you like to take care of an *orphan*?
（你願意照顧孤兒嗎？）

◇ **agent** 〔'edʒənt〕 *n*. 代理人　　······ agency *n*.

We use an *agent* for our foreign business.
（我們請代理商負責我們的海外事業。）

❖ **ancestor** 〔'ænsɛstə〕 *n.* 祖先
······ 同 forefather 〔'for,faðə〕 *n.*
　　　 反 descendant 〔dɪ'sɛndənt〕 *n.* 子孫；後裔
My *ancestors* came from Spain. (我的祖先來自西班牙。)

❖ **relative** 〔'rɛlətɪv〕 *n.* 親戚　 *adj.* 相對的；相關的
······ 反 absolute 〔'æbsə,lut〕 *adj.* 絕對的　　 relatively *adv.*
All my *relatives* got together on New Year's Day.
(我所有的親戚在過年時團聚。)

❖ **companion** 〔kəm'pænjən〕 *n.* 同伴
The two were *companions* in work.
(這二個人是工作夥伴。)

❖ **colleague** 〔'kɑlig〕 *n.* 同事
······ 反 competitor 〔kəm'pɛtətə〕 *n.* 競爭者
I get on well with my *colleagues*. (我和同事相處得很好。)

❖ **expert** 〔'ɛkspət〕 *n.* 專家　 ······ 同 specialist 〔'spɛʃəlɪst〕 *n.*
He is an *expert* in language teaching.
(他是語言教學的專家。)

❖ **amateur** 〔'æmə,tʃʊr,-,tʊr〕 *n.* 業餘者
······ 反 professional 〔prə'fɛʃənḷ〕 *n.* 職業者　 *adj.* 職業的
Only *amateurs* can compete in the Olympic Games.
(只有業餘選手能參加奧運。)

❖ **bride** 〔braɪd〕 *n.* 新娘
······ 反 bridegroom 〔'braɪd,grum〕 *n.* 新郎
The *bride* wore a beautiful white dress.
(新娘穿一件很漂亮的白色禮服。)

❖ **inhabitant** 〔ɪnˈhæbətənt〕 *n.* 居民

⋯⋯⑩ resident 〔ˈrɛzədənt〕 *n.*　　inhabit *v.*

The city has 6 million *inhabitants*.

（這個城市有六百萬居民。）

❖ **authority** 〔əˈθɔrətɪ〕 *n.* 權威；當局（通常用**複數**）

She has a lot of *authority* in the party.

（在這個黨派裏，她有很大的權力。）

The *authorities* at the city hall are slow in dealing with complaints.

（市政府當局對於處理投訴方面，十分緩慢。）

❖ **victim** 〔ˈvɪktɪm〕 *n.* 犧牲者

The *victims* of the accident were all women and children. （這次意外的受害者都是婦孺。）

❖ **candidate** 〔ˈkændə‚det, ˈkændədɪt〕 *n.* 候選人

⋯⋯⑩ applicant 〔ˈæpləkənt〕 *n.* 報名者

He was a *candidate* in the presidential campaign.

（他曾是總統競選中的候選人。）

＊presidential 〔‚prɛzəˈdɛnʃəl〕 *adj.* 總統的
campaign 〔kæmˈpen〕 *n.* 活動

❖ **heir** 〔ɛr〕 *n.* 繼承人　　⋯⋯ heiress 〔ˈɛrɪs〕 *n.* 女繼承人

The emperor's eldest son is the *heir* to the throne.

（皇帝的長子是王位的繼承人。）

＊emperor 〔ˈɛmpərə〕 *n.* 皇帝　　throne 〔θron〕 *n.* 王位

❖ **genius** 〔ˈdʒinjəs〕 *n.* 天才

Goethe was a *genius*. （歌德是一個天才。）

❖ **coward** 〔'kaʊəd 〕 *n.* 膽怯者；懦夫 ⋯⋯ cowardly *adj.*

He is too much of a *coward* to do such a thing.

（他太膽小，不敢做這樣的事。）

❖ **opponent** 〔ə'ponənt〕 *n.* 對手

He was defeated by his *opponent*.

（他被他的對手打敗了。）

⋯⋯⋯ ▓▓▓ 行動 ★ 競爭 ▓▓▓ ⋯⋯⋯

❖ **motion** 〔'moʃən〕 *n.* 運動；動作

He has the *motions* of a trained dancer.

（他的動作像是訓練有素的舞者。）

❖ **activity** 〔æk'tɪvɪtɪ 〕 *n.* 活動

⋯⋯ active 〔'æktɪv〕 *adj.* 活動的；主動的

Her *activities* include tennis and jogging.

（她的活動包括網球和慢跑。）

❖ **performance** 〔pə'fɔrməns〕 *n.* 執行；表演

⋯⋯ perform *v.*

They are faithful in the *performance* of their duties.

（他們忠實地執行任務。）

The orchestra gave fifty *performances* last year.

（去年這個管絃樂隊有五十場演奏。）

＊faithful 〔'feθfəl 〕 *adj.* 忠實的 orchestra 〔'ɔrkɪstrə〕 *n.* 管絃樂

❖ **cooperate** 〔ko'ɑpə,ret〕 *v.* 合作；協力 ⋯⋯ cooperation *n.*

We must all *cooperate* to keep world peace.

（我們必須同心協力維護世界和平）

◇ **perform** 〔pɚˈfɔrm〕 v. 執行；表演 ⋯⋯ performance *n.*

The surgeon *performed* the operation.
（那位外科醫生執行這次手術。）

I've never seen Hamlet *performed* so brilliantly.
（我從來沒有看過那麼精彩的「哈姆雷特」的演出。）

* brilliantly 〔ˈbrɪljəntlɪ〕 *adv.* 精彩地

◇ **behavio(u)r** 〔bɪˈhevjɚ〕 *n.* 行為；舉止 ⋯⋯ behave *v.*

She was ashamed of her children's *behavior*.
（她為她孩子們的行為感到羞恥。）

◇ **competition** 〔ˌkɑmpəˈtɪʃən〕 *n.* 競爭；比賽
⋯⋯ compete 〔kəmˈpit〕 *v.*

Competition makes the players try harder.
（競爭使選手們更盡力。）

◇ **contest** 〔ˈkɑntɛst〕 *n.* 競爭；比賽 〔kənˈtɛst〕 *v.* 爭取；競爭

She entered a beauty *contest*.（她參加了選美比賽。）

How many people are *contesting* the seat?
（有多少人要爭取這個職位？）

⋯⋯⋯ ‖‖‖‖展示 ★ 說明‖‖‖‖ ⋯⋯⋯

◇ **display** 〔dɪˈsple〕 *v., n.* 展示；表示 ⋯⋯ *on display* 展示

She *displayed* no feelings when I told her the news.
（當我告訴她這個消息時，她沒有表現出任何情緒反應。）

The goods were *on display* in the shop window.
（貨品展示在商店的櫥窗裏。）

◇ **exhibit** 〔ɪg'zɪbɪt〕 *v*. 展覽；陳列（＝*display*）

...... exhibition 〔,ɛksə'bɪʃən〕 *n*. 展覽會

He *exhibited* no emotion. （他沒有表現出任何情緒。）

He hopes to *exhibit* his paintings in Japan.

（他希望他的畫能在日本展出。）

◇ **illustrate** 〔'ɪləstret, ɪ'lʌstret〕 *v*. 說明；圖解

...... illustration *n*. 例證

She *illustrated* her points with diagrams.

（她以圖表說明她的論點。）

The teacher *illustrated* his theory with pictures.

（老師用圖片來說明他的理論。）

＊diagram 〔'daɪə,græm〕 *n*. 圖表

◇ **manifest** 〔'mænə,fɛst〕 *v*. 顯示　　*adj*. 明顯的

...... 同 clear 〔klɪr〕 *adj*.

His jealousy *manifested* itself in his expression.

（他的表情顯示了他的嫉妒。）

It is *manifest* that he is lying. （很顯然的，他在撒謊。）

◇ **demonstrate** 〔'dɛmən,stret〕 *v*. 證明；示範；示威

...... demonstration *n*.

This experiment *demonstrates* that oil is lighter than water. （這個實驗證明了油比水輕。）

Please *demonstrate* how the machine works.

（請示範一下這部機器如何運作。）

They *demonstrated* against the new law.

（他們舉行示威活動以抗議新法。）

◇ **explanation** 〔͵ɛksplə'neʃən〕 *n.* 說明；解釋

　　…… explain 〔ɪk'splen〕 *v.*

　　He gave an *explanation* of how the accident happened.

　　（他說明了意外如何發生。）

········ ‖‖‖‖‖ 災害 ★ 救助 ‖‖‖‖‖ ········

◇ **crisis** 〔'kraɪsɪs〕 *n.* 危機

　　…… critical 〔'krɪtɪkḷ〕 *adj.* 危急的；關鍵的

　　The government survived the *crisis* and the coup failed.

　　（政變失敗了，而政府也度過危機。）

　　＊ coup 〔ku〕 *n.* 政變

◇ **emergency** 〔ɪ'mɝdʒənsɪ〕 *n.* 緊急事件

　　Ring the bell in an *emergency*.

　　（如果遇到緊急事件時，就按這個鈴。）

◇ **disaster** 〔dɪz'æstɚ〕 *n.* 災難

　　…… disastrous *adj.*

　　He narrowly escaped the *disaster*.

　　（他千鈞一髮地逃過災難。）

　　＊ narrowly 〔'nærolɪ〕 *adv.* 間不容髮地

　　　escape 〔ə'skep〕 *v.* 逃脫

◇ **damage** 〔'dæmɪdʒ〕 *n.* 損害

　　…… 同 hurt 〔hɝt〕 *n.,v.* 傷害

　　The storm caused great *damage*.

　　（這場風暴造成很大的損失。）

◇ **destruction** 〔dɪ'strʌkʃən〕 *n.* 破壞；摧毀

⋯⋯反construction 〔kən'strʌkʃən〕 *n.* 建設

destroy 〔dɪ'strɔɪ〕 *v.*　　destructive *adj.*

They planned the *destruction* of the city.

（他們計劃摧毀這座城市。）

◇ **refuge** 〔'rɛfjudʒ〕 *n.* 避難；避難場所

⋯⋯ *take refuge in* 在～避難　　refugee 〔͵rɛfjʊ'dʒi〕 *n.* 難民

We *took refuge in* a cave.（我們躲在山洞裏避難。）

* cave 〔kev〕 *n.* 山洞

◇ **sacrifice** 〔'sækrə͵faɪs, -, faɪz〕 *n., v.* 犧牲

My parents made a lot of *sacrifices* for me.

（我的父母為我做了很多犧牲。）

He *sacrificed* himself to save the drowning boy.

（為了救那個溺水的男孩，他犧牲了自己。）

* drown 〔draʊn〕 *v.* 溺水

◇ **aid** 〔ed〕 *v., n.* 幫助

⋯⋯同 help 〔hɛlp〕 *v., n.*　　*first aid* 急救

My father *aided* me in my studies.

（爸爸在課業上幫助我。）

A dictionary is an important *aid* in language learning.

（在學習語言時，字典的幫助非常大。）

◇ **rescue** 〔'rɛskju〕 *v., n.* 解救

⋯⋯同 save 〔sev〕 *v.*

They *rescued* the boy from drowning.

（他們救出那個溺水的男孩。）

······· ▦▥▥▥ 文明 ★ 發展 ▥▥▥▥ ·······

◇ **development** 〔dɪ'vɛləpmənt〕 *n.* 發展
　······ develop *v.*　　*developing countries* 開發中國家
　The *development* of new products requires much effort.
　（新產品的發展需要很多努力。）

◇ **liberation** 〔,lɪbə'reʃən〕 *n.* 解放
　······ liberate 〔'lɪbə,ret〕 *v.*
　They demanded the *liberation* of hostages.
　（他們要求釋放人質。）
　* hostage 〔'hɑstɪdʒ〕 *n.* 人質

◇ **revolution** 〔,rɛvə'luʃən〕 *n.* 革命
　······ revolt 〔rɪ'volt〕 *n.*, *v.* 反抗；叛亂
　The French *Revolution* broke out in 1789.
　（法國大革命在 1789 年爆發。）
　* *break out* 爆發

◇ **privilege** 〔'prɪvḷɪdʒ〕 *n.* 特權；權利
　······ privileged *adj.*
　Members are given the *privilege* to use the library.
　（會員有使用圖書館的權利。）

◇ **hierarchy** 〔'haɪə,rɑrkɪ〕 *n.* 階級制度
　He is high up in the social *hierarchy*.
　（他是上層社會階級的人。）

✧ **civilization** 〔ˌsɪvḷəˈzeʃən，ˌsɪvḷaɪˈ-〕 *n*. 文明

    …… 反 barbarism 〔ˈbɑrbəˌrɪzəm〕 *n*. 野蠻；未開化

       civilize 〔ˈsɪvḷˌaɪz〕 *v*. 使開化

Modern *civilization* has been strongly influenced by science. (現代文明受科學的影響很深。)

    * influence 〔ˈɪnfluəns〕 *v*. 影響

✧ **civil** 〔ˈsɪvḷ〕 *adj*. 市民的　…… civilian 〔səˈvɪljən〕 *n*. 平民

Paying taxes is one of the *civil* duties.

(繳稅是市民的義務之一。)

✧ **liberty** 〔ˈlɪbətɪ〕 *n*. 自由

    …… 同 freedom 〔ˈfridəm〕 *n*.　liberal *adj*. 自由的；開明的

They fought for their *liberty*.

(他們為了他們的自由而戰。)

學習愛心辦學…
考生進步最多!!

學習優秀的老師，將學
生視如己出，並竭盡所
能，傾囊相授。學生們
如沐春風，成績自然節
節高升！

（解答見 p.244）

1. Electronic calculators can＿＿＿＿＿＿very complex opera-
tions.〔四技工專〕
(A) explode　(B) spend　(C) behave　(D) perform

2. Mechanical engineers are the＿＿＿＿＿＿in machinery.
(A) discoverers　　　　(B) factories　　〔四技工專・
(C) knowledge　　　　(D) experts　　　　保送甄試〕

3. The teacher＿＿＿＿＿＿how to operate the machine.
(A) accomplished　　　(B) increased　　〔保送甄試〕
(C) stimulated　　　　(D) demonstrated

4. The in＿＿＿＿＿ts of Taipei complained of air pollution.
〔師大工教〕

5. The maid answered the phone by saying, "This is the
mayor's＿＿＿＿＿".〔北區夜二專〕
(A) reside　　　　　　(B) resident
(C) residential　　　　(D) residence

6. The professor i＿＿＿＿＿ed his lecture by diagrams
and color slides.〔彰化師大〕

7. There are programs on television that＿＿＿＿＿how to
do things.〔保送甄試〕
(A) explain　　　　　(B) explains
(C) explaining　　　　(D) explained

······· ‖‖‖‖位置 ★ 狀況‖‖‖‖‖ ·······

❖ **locate** 〔'loket, lo'ket〕 *v.* 位於；找出～的位置
······ location *n.* 位置

Our school is *located* near a park.
（我們學校位於公園附近。）

We *located* the oil at last.
（我們終於測出石油的位置。）

❖ **isolate** 〔'aɪsḷ,et, 'ɪsḷ,et〕 *v.* 使孤立
······ isolation *n.*

The village was *isolated* by the flood.
（這個村子因洪水與外界隔絕了。）

❖ **surround** 〔sə'raund〕 *v.* 包圍
······ surroundings *n.* 環境（要用複數形）
be surrounded by 〔*with*〕～ 被～所包圍

Taiwan *is surrounded by* 〔*with*〕 the sea.
（台灣四周被海所包圍。）

❖ **condition** 〔kən'dɪʃən〕 *n.* 狀態；條件
······ *on condition that* ～ 在～條件下

His *condition* is improving. （他的情況逐漸好轉。）

I'll come *on condition that* Arthur is invited too.
（我會來，不過條件是亞瑟也要被邀請。）

❖ **situation** 〔,sɪtʃʊ'eʃən〕 *n.* 情況

How is the political *situation* in that country?
（該國的政治情況如何？）

◇ **circumstance** 〔'sɜkəm‚stæns〕 *n.* 情形；環境（常用複數形）

...... 同 environment 〔ɪn'vaɪrənmənt〕 *n.*

Circumstances permitting, I'll join you in the project.
（如果情況允許，我會加入你的計劃。）

◇ **symptom** 〔'sɪmptəm〕 *n.* 徵候

Do you know what the *symptoms* of that disease are?
（你知道那種病會有哪些徵候嗎？）

······· ‖‖‖時代 ★ 潮流‖‖‖· ·······

◇ **ancient** 〔'enʃənt〕 *adj.* 古代的

In Egypt, we saw the ruins of an *ancient* temple.
（在埃及，我們看到一座古代廟宇的遺跡。）

* ruins 〔'ruɪns〕 *n. pl.* 遺跡

◇ **contemporary** 〔kən'tɛmpə‚rɛrɪ〕 *adj.* 現代的；同時代的

He knows a lot about *contemporary* painting.
（關於現代畫方面，他知道很多。）

Marlowe was *contemporary* with Shakespeare.
（馬羅和莎士比亞是同時代的人。）

◇ **current** 〔'kɜənt〕 *adj.* 現在的　　*n.* 水流；氣流

...... currency *n.* 流通；通貨

This word is not in *current* use.
（這個字現在已經不用了。）

The *current* is the strongest in the middle of the
river.（在河流的中央，水流最強。）

❖ **latest** 〔'letɪst〕 *adj.* 最新的

Have you read his *latest* comics？
（你看過他最新的漫畫了嗎？）

* comics 〔'kɑmɪks〕 *n.pl.* 漫畫

❖ **recent** 〔'risn̩t〕 *adj.* 最近的

…… recently *adv.*

Long skirts have been out of fashion in *recent* years.
（最近幾年，長裙已不流行了。）

* *out of fashion* 不流行

❖ **childhood** 〔'tʃaɪld,hʊd〕 *n.* 童年

She had a happy *childhood* in the country.
（她在鄉下度過快樂的童年。）

❖ **constant** 〔'kɑnstənt〕 *adj.* 不變的；不間斷的

He drove at a *constant* speed.
（他一直以同樣的速度駕駛。）
There's a *constant* noise in this place.
（這裏有一種連續不斷的噪音。）

❖ **permanent** 〔'pɝmənənt〕 *adj.* 永久的

……反 temporary 〔'tɛmpə,rɛrɪ〕 *adj.* 暫時的

We wish for *permanent* peace.（我們祈求永遠的和平。）

❖ **eternal** 〔ɪ'tɝn̩l〕 *adj.* 永遠的（↔ *temporary*）

…… eternity *n.*

The wedding ring is the symbol of *eternal* love.
（結婚戒指象徵了永恆的愛。）

❖ **medieval** 〔,midɪ'ivl̩, ,mɛd-〕 *adj.* 中世紀的

He is studying the history of *medieval* Europe.

(他在研讀中世紀的歐洲歷史。)

········ ‖‖‖‖**參考★相關**‖‖‖‖ ·······

❖ **concern** 〔kən'sɝn〕 *v.* 有關；擔心　　*n.* 關心之事；關係

······ *as far as ~ is concerned* 至於~；就~而言

I was very *concerned* about my mother's illness.

(我很擔心我母親的病。)

As far as I am concerned, I have no objection.

(至於我，我沒有異議。)

The fact that you are unemployed isn't my *concern*.

(你的失業不是我所關心的事。)

＊ unemployed 〔,ʌnɪm'plɔɪd〕 *adj.* 失業的

❖ **relate** 〔rɪ'let〕 *v.* 有關係　··· relation *n.* 關係

It's impossible to *relate* cause and effect in this case.

(要把這件事的因果關係連接起來簡直不可能。)

❖ **refer** 〔rɪ'fɝ〕 *v.* 言及；參考　······ reference 〔'rɛfərəns〕 *n.*

He *referred* to the incident in his report.

(在他的報告中，他提到這件事。)

I always *refer* to that dictionary.(我總是參考那一本字典。)

＊ incident 〔'ɪnsədənt〕 *n.* 事件

❖ **derive** 〔də'raɪv〕 *v.* 源於；由來　＜*from*＞

That word *derives from* Latin.

(那個字源於拉丁文。)

⬦ **accompany** 〔əˈkʌmpənɪ〕 *v*. 陪伴

······ accompaniment *n*. 陪伴物；伴奏

Let me *accompany* you to your hotel.

（讓我陪你到旅館。）

⬦ **quote** 〔kwot〕 *v*. 引用　······ quotation *n*.

He often *quotes* Confucius.（他常常引用孔子的話。）

⬦ **consult** 〔kənˈsʌlt〕 *v*. 請教；查閱

Have you *consulted* your doctor about your illness?
（你請教過醫生有關你的病了嗎？）

Consult your dictionary for the spelling of the word.
（查字典找一下這個字的拼法。）

······ ▏▎▍投資 ★ 消費▍▎▏ ·······

⬦ **calculate** 〔ˈkælkjə,let〕 *v*. 計算　······ calculation *n*.

The scientists *calculated* when the spaceship would reach the moon.

（科學家計算出太空船何時會到達月球。）

＊ spaceship 〔ˈspes,ʃɪp〕 *n*. 太空船

⬦ **estimate** 〔ˈɛstə,met〕 *v*. 估計　〔ˈɛstəmɪt〕 *n*. 估計

······ estimation *n*.

He *estimated* the loss at five million yen.

（他估計損失是五百萬日幣。）

I can give you only a rough *estimate*.

（我只能給你一個大概的估計。）

＊ rough 〔rʌf〕 *adj*. 概略的

❖ **invest** 〔ɪn'vɛst〕 *v.* 投資

　　I *invested* my money in stocks.
　　（我把錢投資在股票上。）

❖ **consume** 〔kən'sum,-'sjum〕 *v.* 消費
　　……反produce 〔prə'djus〕 *v.* 生產　consumption 〔kən'sʌmpʃən〕 *n.*
　　This car *consumes* a lot of gasoline.
　　（這部車子的耗油量很大。）

❖ **receipt** 〔rɪ'sit〕 *n.* 收據；收到　……receive *v.*
　　Did you get a *receipt*?（你有收據嗎？）
　　I acknowledged *receipt* of the package.
　　（我確認收到那個包裹。）
　　＊acknowledge 〔ək'nɑlɪdʒ〕 *v.* 承認

❖ **sum** 〔sʌm〕 *n.* 金額；總計
　　He invested a large *sum* of money in the stock market.
　　（他在股票市場中投資了一大筆錢。）
　　The *sum* of 3 and 7 is 10.
　　（3加7的總和是10。）

❖ **consumption** 〔kən'sʌmpʃən〕 *n.* 消耗　……consume *v.*
　　The science of economics deals with the production,
　　distribution and *consumption* of wealth.
　　（經濟學討論有關財富的生產，分配和消耗。）
　　The *consumption* of tea has increased in Japan.
　　（在日本，茶的消耗量增加了。）
　　＊distribution 〔,dɪstrə'bjuʃən〕 *n.* 分配

········ ▓▓▓▓▓▓**重要 ★ 價值**▓▓▓▓▓▓ ·······

❖ **worth** 〔wɝθ〕 *adj.* 有價值的 ······worthy *adj.* 值得

This painting is *worth* twenty million dollars.

（這幅畫價值二千萬元。）

❖ **merit** 〔'mɛrɪt〕 *n.* 優點；功績

······ 反 demerit *n.* 缺點

Considerateness is one of her *merits*.

（體貼是她的優點之一。）

He won the prize on his *merits*. （他因為有功而得獎。）

＊ considerateness 〔kən'sɪdərɪtnɪs〕 *n.* 體貼

❖ **prime** 〔praɪm〕 *adj.* 第一的；主要的

He is the *prime* suspect. （他是首要的嫌疑犯。）

❖ **precious** 〔'prɛʃəs〕 *adj.* 貴重的（= *valuable*）

······ precious stones 寶石

Water is very *precious* in the desert.

（在沙漠中，水是很珍貴的。）

❖ **valuable** 〔'væljʊəbḷ〕 *adj.* 貴重的（↔ *valueless*）

······ value *n.* 價值

Oil is a very *valuable* resource.（石油是很有價值的資源。）

❖ **principal** 〔'prɪnsəpḷ〕 *adj.* 主要的　　*n.* 校長

This map shows the *principal* roads in Japan.

（這張地圖顯示了日本的主要道路。）

Our *principal* is loved by his students.

（我們的校長很受學生的愛戴。）

◇ **emphasis** 〔'ɛmfəsɪs〕 *n.* 強調　⋯⋯ emphatic *adj.*　emphasize *v.*

The teacher placed great *emphasis* on this point.

（老師特別強調這一點。）

◇ **consequence** 〔'kɑnsə,kwɛns〕 *n.* 結果

⋯⋯〔同〕result 〔rɪ'zʌlt〕 *n.*　consequent *adj.*

Your failure was the *consequence* of your laziness.

（你的失敗是懶惰的結果。）

◇ **supreme** 〔sə'prim〕 *adj.* 至高的　⋯⋯ supremacy 〔sə'prɛməsɪ〕 *n.*

That matter was decided by the *Supreme* Court.

（這件事由最高法院判決。）

◇ **trivial** 〔'trɪvɪəl〕 *adj.* 瑣碎的；平常的

Why do you worry about such *trivial* matters?

（你爲何要爲這些瑣事擔心呢？）

◇ **remarkable** 〔rɪ'mɑrkəbl̩〕 *adj.* 值得注意的；驚人的

⋯⋯ remarkably *adv.*

He has a *remarkable* memory. （他的記憶力非常好。）

＊memory 〔'mɛmərɪ〕 *n.* 記憶力

⋯⋯⋯ ⅲⅲ 生物 ★ 種族 ⅲⅲ ⋯⋯⋯

◇ **species** 〔'spiʃɪz, 'spiʃiz〕 *n.* 種（單複數同形）

There are many *species* of butterflies in Taiwan.

（台灣的蝴蝶有很多種。）

◇ **mankind** 〔mæn'kaɪnd,'mæn,kaɪnd〕 *n.* 人類

The atomic bomb could destroy *mankind*.（原子彈會毀滅人類。）

＊atomic 〔ə'tɑmɪk〕 *adj.* 原子的

◇ **tribe** 〔traɪb〕 *n.* 種族；部族 ……回 race 〔res〕 *n.*

There used to be many Indian *tribes* in the American West. (在美國西部曾有很多印第安部落。)

◇ **mammal** 〔'mæml〕 *n.* 哺乳動物

Do you know whales are *mammals*?
(你知道鯨是哺乳動物嗎？)
＊ whale 〔whel〕 *n.* 鯨

◇ **beast** 〔bist〕 *n.* 野獸

In Africa, you can see many wild *beasts*.
(在非洲，你可以看到很多野獸。)
＊ wild 〔waɪld〕 *adj.* 野生的

◇ **creature** 〔'kritʃə〕 *n.* 動物；人

The dolphin is an intelligent and playful *creature*.
(海豚是一種聰明又愛玩的動物。)
＊ dolphin 〔'dɑlfɪn〕 *n.* 海豚   playful 〔'plefəl〕 *adj.* 愛玩的

……‖‖‖‖ 充份 ★ 滿意 ‖‖‖‖……

◇ **ample** 〔'æmpl〕 *adj.* 充足的（＝*abundant*）

We have *ample* money for the journey.
(我們有足夠的錢去旅行。)

◇ **abundant** 〔ə'bʌndənt〕 *adj.* 豐富的

……回 plentiful 〔'plɛntɪfəl〕 *adj.*   abundance *n.*

The country has *abundant* supplies of oil.
(這個國家有充足的供油量。)

❖ **content** 〔kən'tɛnt〕*adj*. 滿足的　*v.*, *n*. 滿足
　　…… *to one's heart's content* 盡情
　　I am very ***content*** with my life at present.
　　（我對目前的生活十分滿意。）
　　He laughed *to his heart's content*. （他笑得很開懷。）

❖ **sufficient** 〔sə'fɪʃənt〕*adj*. 充分的（↔*insufficient*）
　　……同 enough〔ə'nʌf〕*adj*.　　suffice *v*. 足夠　　sufficiency *n*.
　　You will have ***sufficient*** time to finish the test.
　　（你們有足夠的時間可以完成這個測驗。）

❖ **satisfy** 〔'sætɪs,faɪ〕*v*. 使滿意　…… satisfaction *n*.　satisfactory *adj*.
　　My parents were ***satisfied*** with my grades this year.
　　（我父母對我今年的成績感到滿意。）

❖ **satisfactory** 〔,sætɪs'fæktərɪ〕*adj*. 令人滿意的（↔*unsatisfactory*）
　　…… satisfy *v*.　　satisfaction *n*.
　　His answer was ***satisfactory***. （他的答案令人滿意。）

❖ **considerable** 〔kən'sɪdərəbḷ〕*adj*. 相當的；可觀的
　　The increase in sales has been ***considerable***.
　　（銷售量的增加十分可觀。）

❖ **adequate** 〔'ædəkwɪt〕*adj*. 合適的（↔*inadequate*）
　　……同 suitable〔'sutəbḷ〕*adj*.　　adequacy *n*. 適當
　　I hope he will be ***adequate*** for the job.
　　（我希望他適合做這份工作。）

❖ **mature** 〔mə'tjʊr, mə'tʃʊr〕*adj*. 成熟的（↔*immature*）
　　……同 ripe〔raɪp〕*adj*.　　maturity〔mə'tjʊrətɪ,-'tʃʊ-〕*n*.
　　She is a ***mature*** woman. （她是一個成熟的女性。）

REVIEW ⑰

（解答見 p.244）

1. This is a very good_____for camping. 〔四技商專·保送甄試〕
   (A) vocal   (B) complaint   (C) production (D) location

2. Gold is a_____metal. 〔四技工專·保送甄試〕
   (A) valuable   (B) expensive   (C) motive   (D) accurate

3. We have to_____the cost of this plan. 〔保送甄試·
   (A) improve   (B) calculate   北區夜二專〕
   (C) equip   (D) convey

4. When coming across a new word, one may c_____t a
   dictionary for its meaning. 〔師大工教·北區夜二專〕

5. This is the period during which the body attains_____.
   (A) mature   (B) matures   〔北區夜二專〕
   (C) maturely   (D) maturity

6. There are several_____villages in this area.
   (A) isolate   (B) isolating   〔北區夜二專〕
   (C) isolated   (D) isolative

7. Thousands of English words are_____from Latin.
   (A) derived   (B) deriving   〔北區夜二專〕
   (C) derivable   (D) derivative

8. I would like you to meet our_____. 〔四技商專〕
   (A) principal   (B) pricipal
   (C) principle   (D) preciple

······ ‖‖‖‖服務 ★ 奉獻‖‖‖‖ ······

◇ **serve** 〔sɜv〕 *v.* 服務；服役；供應

······ service *n.*

My uncle *served* under General MacArthur.

（我的叔叔曾在麥克阿瑟將軍手下服役。）

Our host *served* a delicious dinner.

（我們的主人供應了一頓美味的晚餐。）

* general 〔'dʒɛnərəl〕 *n.* 將軍

　host 〔host〕 *n.* 主人

◇ **service** 〔'sɜvɪs〕 *n.* 服務；公職

······ serve *v.*

Is there any postal *service* on Sundays？

（星期日有郵政服務嗎？）

◇ **contribute** 〔kən'trɪbjut〕 *v.* 捐助；貢獻；促成 ＜*to*＞

······ contribution 〔,kɑntrə'bjuʃən〕 *n.*

They *contributed* a large sum of money to the church.

（他們捐獻了一大筆錢給教會。）

Mr. Wilson has much to *contribute to* our group.

（威爾森先生對我們的小組很有貢獻。）

◇ **devote** 〔dɪ'vot〕 *v.* 奉獻；致力

······ devotion *n.* 摯愛；奉獻　　devoted *adj.* 忠實的；摯愛的

She *devoted* her life to helping blind people.

（她的一生致力於幫助盲人。）

······ ‖‖‖‖邪惡 ★ 敵意‖‖‖‖ ······

❖ **devil** 〔'dɛvḷ〕 *n.* 惡魔

Speak of the *devil*, and he will appear.

（說曹操，曹操到。＜諺＞）

❖ **evil** 〔'ivḷ〕 *n.* 邪惡；惡 *adj.* 邪惡的

······ *speak evil of* 說壞話

Don't *speak evil of* anyone. （不要說任何人的壞話。）

❖ **malice** 〔'mælɪs〕 *n.* 惡意

They had no *malice* toward us.（他們對我們並無惡意。）

❖ **trick** 〔trɪk〕 *n.* 詭計；技巧

······ tricky *adj.* 奸詐的 *play a trick on sb.* 開某人的玩笑

The boy often *plays tricks on* his friends.

（這個男孩常對他的朋友惡作劇。）

❖ **mischief** 〔'mɪstʃɪf〕 *n.* 惡作劇；傷害

······同 harm 〔hɑrm〕 *n., v.*

mischievous 〔'mɪstʃɪvəs〕 *adj.* 有害的；淘氣的

Boys are fond of *mischief*. （男孩子喜歡惡作劇。）

Careless words can cause a lot of *mischief*.

（無心之言也會造成很大的傷害。）

＊ careless 〔'kɛrlɪs〕*adj.* 疏忽的

❖ **hostile** 〔'hɑstɪl〕 *adj.* 懷敵意的

······反 friendly 〔'frɛndlɪ〕 *adj.* 友善的 hostility *n.*

We got a *hostile* reception from the villagers.

（村民對我們懷有敵意。）

＊ reception 〔rɪ'sɛpʃən〕 *n.* 接受；接待

❖ **betray** 〔bɪ'tre〕 *v.* 背叛 ····· betrayal 〔bɪ'treəl〕 *n.*

A man will **betray** others to save himself.

（人為了自救，可能會背叛別人。）

······ ‖‖‖‖提議 ★ 主張‖‖‖‖ ·······

❖ **propose** 〔prə'poz〕 *v.* 提議；求婚

·····圓 suggest 〔sə(g)'dʒɛst〕 *v.*　proposal 〔prə'pozḷ〕 *n.*

She **proposed** that he build a new house.

（她建議他蓋一幢新房子。）

He **proposed** to Helen yesterday.

（他昨天向海倫求婚了。）

❖ **appeal** 〔ə'pil〕 *v.* 求助；訴諸；引起興趣　*n.* 吸引力；懇求；訴諸

····· *appeal to* ～ 訴諸；引起興趣　appealing *adj.* 令人心動的

We **appealed to** their sense of justice.

（我們訴諸於他們的正義感。）

The story **appeals to** me very much.（我對這個故事很感興趣。）

❖ **insist** 〔ɪn'sɪst〕 *v.* 堅持；主張

····· insistence *n.*　insistent *adj.*

I **insisted** that he was wrong. （我堅持他是錯的。）

❖ **suggestion** 〔sə(g)'dʒɛstʃən〕 *n.* 建議（= *proposal*）

····· suggest *v.*　suggestive *adj.*

He often makes valuable **suggestions.**（他常提出寶貴的建議。）

❖ **opinion** 〔ə'pɪnjən〕 *n.* 意見

What's your **opinion** on this subject?

（關於這個主題，你有何意見？）

⋯⋯⋯ ‖‖‖‖期待 ★ 預測‖‖‖‖ ⋯⋯⋯

◇ **predict** 〔prɪ'dɪkt〕 *v.* 預言；預測　⋯⋯ prediction *n.*

What he *predicted* last year came true.

（他去年預言的事實現了。）

◇ **anticipate** 〔æn'tɪsə,pet〕 *v.* 預期　⋯⋯ anticipation *n.*

You must *anticipate* the worst.（你要做最壞的打算。）

◇ **possibility** 〔,pɑsə'bɪlətɪ〕 *n.* 可能性

⋯⋯ possible〔'pɑsəbḷ〕 *adj.*

Is there any *possibility* of his coming here?

（他可能會來這兒嗎？）

◇ **preparation** 〔,prɛpə'reʃən〕 *n.* 準備

⋯⋯ prepare〔prɪ'pɛr〕 *v.*　preparatory〔prɪ'pærə,torɪ〕 *adj.*

I haven't done much *preparation* for the coming exam.

（對於即將到來的考試，我沒有做太多準備。）

◇ **prospect** 〔'prɑspɛkt〕 *n.* 期望之事物

⋯⋯ 同 expectation〔,ɛkspɛk'teʃən〕 *n.*

prospective〔prə'spɛktɪv〕 *adj.* 預期的；有希望的

There is not much *prospect* of his coming.

（他會來的希望不大。）

⋯⋯⋯ ‖‖‖‖追求 ★ 探索‖‖‖‖ ⋯⋯⋯

◇ **chase** 〔tʃes〕 *v.* 追捕

The police *chased* the man by car.

（警察開車追捕那個男子。）

❖ **seek** 〔sik〕 *v*. 尋找〔sought, sought〕(= *look for*)

People move to big cities to *seek* jobs.

（人們搬到大城市裏找工作。）

❖ **explore** 〔ɪk'splor, -'splɔr 〕 *v*. 探險；探究

⋯⋯ exploration 〔ˌɛksplə'reʃən〕 *n*.　　explorer *n*.

He *explored* the deserted island.（他到那座荒島上探險。）

❖ **pursue** 〔pɚ'su, -'sɪu 〕 *v*. 追捕；追求

⋯⋯ pursuit 〔pɚ'sut, -'sjut〕 *n*. 追求

The policemen *pursued* the robbers.

（警方追捕那些強盜。）

Some people *pursue* only pleasure.（有些人只追求享樂。）

⋯⋯⋯⋯ ‖‖‖‖‖憐憫 ★ 悲慘‖‖‖‖‖ ⋯⋯⋯⋯

❖ **poverty** 〔'pɑvɚtɪ 〕 *n*. 貧窮

⋯⋯ 反 wealth 〔wɛlθ〕 *n*. 財富　　poor 〔pur〕 *adj*.

He lived in *poverty* when young.（他年輕時生活很貧苦。）

❖ **miserable** 〔'mɪzərəb!, 'mɪzrəb!〕 *adj*. 悲慘的

⋯⋯ misery *n*.

The old man led a *miserable* life.

（這個老人的生活很可憐。）

❖ **misery** 〔'mɪzərɪ〕 *n*. 不幸；悲慘　　⋯⋯ miserable *adj*.

There are many people in the world who live in *misery*.

（世界上有很多人生活在不幸之中。）

❖ **pity** 〔'pɪtɪ〕 *n.* 同情；憾事（＝ *sympathy* ） *v.* 可憐；同情

...... pitiful *adj.* 使人同情的　　***take pity on*** ~ 對~表示憐憫

Take *pity* on me. (可憐可憐我吧！)

It is a great *pity* that she lost her husband.
(她真可憐，失去了丈夫。)

❖ **desperate** 〔'dɛspərɪt〕 *adj.* 絕望的；奮不顧身的

...... 同hopeless 〔'hoplɪs〕 *adj.* 沒有希望的　　despair *n.*

I made *desperate* efforts to reach the shore.
(我拼命地游回岸邊。)

❖ **mercy** 〔'mɝsɪ〕 *n.* 慈悲　　...... merciful *adj.*

The king showed them no *mercy*. (國王對他們毫無慈悲之心。)

❖ **despair** 〔dɪ'spɛr〕 *n.* 絕望

...... 反 hope 〔hop〕 *n., v.* 希望　　desperate *adj.*

Her father's death drove her into *despair*.
(她父親的死使她陷入絕望中。)

❖ **frustration** 〔frʌs'treʃən〕 *n.* 挫折

...... frustrate 〔'frʌstret〕 *v.*

Life is full of *frustration*. (人生充滿了挫折。)

.... ‖‖‖‖文學★作品‖‖‖‖ ....

❖ **novel** 〔'navl̩〕 *n.* 小說　　*adj.* 新奇的

...... novelty *n.* 新奇

My sister loves *novels*, while I love poems.
(我姐姐喜歡小說，而我喜歡詩。)

❖ **fable** 〔ˋfebḷ〕 *n.* 寓言

I love Aesop's *fables*.（我很喜歡伊索寓言。）

❖ **context** 〔ˋkɑntɛkst〕 *n.* 上下文

You can tell the meaning of this word from its *context*.
（你可以從上下文中看出這個字的意義。）

❖ **theme** 〔θim〕 *n.* 主題　……⊜ subject 〔ˋsʌbdʒɪkt〕 *n.*

What is the *theme* of today's discussion?
（今天的討論主題是甚麼？）

❖ **classical** 〔ˋklæsɪkḷ〕 *adj.* 古典的

I like *classical* music.（我喜歡古典音樂。）

❖ **composition** 〔͵kɑmpəˋzɪʃən〕 *n.* 作文；作曲；構成
……compose *v.*

His latest *composition* is too modern for my taste.
（他最新寫的作品對我而言太現代了。）

　　＊ taste 〔test〕 *n.* 品味

❖ **literature** 〔ˋlɪtərətʃɚ〕 *n.* 文學　……literary *adj.*

My sister's major is French *literature*.
（我姐姐主修法國文學。）

❖ **literary** 〔ˋlɪtə͵rɛrɪ〕 *adj.* 文學的　……literature *n.*

I read that *literary* magazine every month.
（我每月都看那份文學雜誌。）

❖ **prose** 〔proz〕 *n.* 散文　……⊜ verse 〔vɝs〕 *n.* 韻文；詩

This story is written in *prose*.（這個故事是用散文寫成的。）

REVIEW ⑱

（解答見 p.244）

1. Modern department stores_____the needs of entire families. 〔四技商專〕

    (A) scatter   (B) serve   (C) separate   (D) spoil

2. Americans are said to be "meat and potato eaters" because their dinner usually_____these two things. 〔四技工專〕

    (A) believes   (B) thinks   (C) includes   (D) finishes

3. Rice is a widely_____crop in Taiwan. 〔保送甄試〕

    (A) grow   (B) growing   (C) grown   (D) growth

4. He is_____to me. He treats me as if I were his enemy. 〔四技工專〕

    (A) humble   (B) hospitable   (C) hostile   (D) hearty

5. The teacher_____my writing the letter. 〔北區夜二專〕

    (A) insisted for   (B) insisted at

    (C) insisted in   (D) insisted on

6. The soldiers_____to the cause of their country.

    (A) devoted themselves   (B) devoted them 〔中區夜二專〕

    (C) exposed themselves   (D) exposed them

7. What leads me into more_____is your indifference to the whole problem. 〔中區夜二專〕

    (A) despair   (B) desperate

    (C) miserable   (D) pity

······ ‖‖‖命令 ★ 強制‖‖‖‖· ·······

❖ **urge**〔ɝdʒ〕*v.* 力勸；驅策

······ urgency *n.* 緊急　　urgent *adj.* 緊急的

The teacher *urged* me to read this book.

（老師力勸我要看這本書。）

He *urged* his horse on with a whip and spurs.

（他以馬鞭和馬刺策馬前進。）

* whip〔hwɪp〕*n.* 馬鞭　　spur〔spɝ〕*n.* 馬刺

❖ **compel**〔kəm'pɛl〕*v.* 強迫

······ compulsion〔kəm'pʌlʃən〕*n.*

compulsory〔kəm'pʌlsərɪ〕*adj.*

The rain *compelled* us to cancel our picnic.

（這場雨迫使我們取消野餐。）

* cancel〔'kænsl̩〕*v.* 取消

❖ **oblige**〔ə'blaɪdʒ〕*v.* 強制；施於

······ obligation〔,ɑblə'geʃən〕*n.* 職責；義務

be obliged to 不得不；感激

He *was obliged to* leave the town.

（他不得不離開這小鎮。）

I'*m* much *obliged to* you for your help.

（我非常感激你的幫忙。）

❖ **submit**〔səb'mɪt〕*v.* 服從；屈服＜*to*＞

······ submission *n.*　　submissive *adj.*

We had to *submit to* his authority.

（我們必須服從他的權威。）

┈┈┈ ‖‖‖‖ 所有 ★ 包含 ‖‖‖‖ ┈┈┈

❖ **contain** 〔kən'ten〕 v. 包含　　┈┈ container n. 容器
This box *contains* twelve bottles.
（這個箱子裝了十二個瓶子。）

❖ **possess** 〔pə'zɛs〕 v. 擁有
┈┈ 同 own 〔on〕 v.　　possession n. 擁有；財產
He *possesses* many good qualities of a leader.
（他擁有許多能成為領袖的優良特質。）

❖ **involve** 〔ɪn'valv〕 v. 包括；牽涉
Don't *involve* other people in the quarrel.
（吵架時不要把別人也扯進來。）

┈┈┈ ‖‖‖‖ 政治 ★ 國家 ‖‖‖‖ ┈┈┈

❖ **congress** 〔'kangrəs〕 n. 議會；國會
Congress has approved the new education law.
（議會通過了新的教育法。）　　＊ approve 〔ə'pruv〕 v. 批准

❖ **parliament** 〔'parləmənt〕 n. 議會；國會
The king dissolved / summoned the *parliament*.
（國王解散／召集議會。）
＊ dissolve 〔dɪ'zalv〕 v. 解散　　summon 〔'sʌmən〕 v. 召集

❖ **national** 〔'næʃənl〕 adj. 國家的；國民的
┈┈ nation 〔'neʃən〕 n. 國家　　nationality 〔,næʃən'ælətɪ〕 n. 國籍
There are no *national* holidays in July.
（七月裏沒有國定假日。）

❖ **democracy** 〔dəˈmɑkrəsɪ〕 *n.* 民主政治

    …… democrat 〔ˈdɛməˌkræt〕 *n.* 民主主義者

      democratic 〔ˌdɛməˈkrætɪk〕 *adj.*

    Democracy is a fair way of governing a nation.

    （民主政治是一種公平統治國家的方式。）

    ＊ govern 〔ˈgʌvən〕 *v.* 統治

❖ **budget** 〔ˈbʌdʒɪt〕 *n.* 預算

    The government introduced the new *budget*.

    （政府提出新預算案。）

❖ **official** 〔əˈfɪʃəl〕 *n.* 公務員　*adj.* 官方的

    He is a government *official*.（他是政府官員。）

    He holds the *official* record.（他手上有官方的記錄。）

❖ **policy** 〔ˈpɑləsɪ〕 *n.* 方針；政策

    What are the government's *policies*?

    （政府的政策是甚麼？）

❖ **political** 〔pəˈlɪtɪkl̩〕 *adj.* 政治的

    …… politics *n.*

    How many *political* parties do you know?

    （你知道的政黨有幾個？）

    ＊ party 〔ˈpɑrtɪ〕 *n.* 政黨

‥‥‥‥ ‖‖‖‖‖確信 ★ 說服‖‖‖‖‖ ‥‥‥‥

❖ **trust** 〔trʌst〕 *v., n.* 信任（↔ *distrust*） …… trustful *adj.*

    He's a person you can *trust*.（他是一個你可以信任的人。）

    He is worthy of *trust*.（他很值得信任。）

◇ **persuade** 〔pə'swed〕 v. 說服　······ persuasion n.

I could not *persuade* him to come with me.

（我無法說服他和我一起來。）

◇ **assure** 〔ə'ʃur〕 v. 保證　······ assurance n.

He *assured* us that our child was safe.

（他向我們保證我們的孩子很安全。）

◇ **convince** 〔kən'vɪns〕 v. 說服＜of＞

······ conviction 〔kən'vɪkʃən〕 n. 定罪；確信

I was *convinced of* his innocence.（我相信他無罪。）

◇ **recommend** 〔,rɛkə'mɛnd〕 v. 推薦

······ recommendation n.

Which computer do you *recommend*?

（你推薦哪一部電腦？）

······ ‖‖‖‖ 欺瞞 ★ 消滅 ‖‖‖‖ ·······

◇ **cheat** 〔tʃit〕 v. 欺騙

He *cheated* in the exam. （他考試作弊。）

◇ **conceal** 〔kən'sil〕 v. 隱藏

······ 同 hide 〔haɪd〕 v.　反 reveal 〔rɪ'vil〕 v. 洩露　concealment n.

He tried to *conceal* his feelings.（他試著要隱藏他的感受。）

◇ **disguise** 〔dɪs'gaɪz〕 v. 假扮；偽裝

He *disguised* himself as a servant.

（他假扮成僕人。）

＊ servant 〔'sɝvənt〕 n. 僕人

◇ **deceive** 〔dɪ'siv〕 v. 欺騙　　…… deceit 〔dɪ'sit〕 n.

I know he would never ***deceive*** me.

（我知道他絕對不會欺騙我。）

◇ **perish** 〔'pɛrɪʃ〕 v. 死；毀滅　　……同 die 〔daɪ〕 v.

Many people ***perished*** in the war.

（很多人死於戰爭中。）

◇ **vanish** 〔'vænɪʃ〕 v. 消失　　……同 disappear 〔,dɪsə'pɪr〕 v.

The plane swept across the sky and ***vanished*** into the
clouds. （那架飛機劃過天際，消失在雲裏。）

◇ **extinguish** 〔ɪk'stɪŋgwɪʃ〕 v. 熄滅　　…… extinct adj.

The firemen could not ***extinguish*** the fire.

（消防隊員無法撲滅這場火。）

◇ **extinct** 〔ɪk'stɪŋkt〕 adj. 滅絕的　　…… extinguish v.

Mammoths became ***extinct*** in prehistoric times.

（長毛象在史前時代就已經絕種了。）

　* mammoth 〔'mæməθ〕 n. 長毛象
　prehistoric 〔,priɪs'tɔrɪk,,prihɪs-〕 adj. 史前的

……‖‖‖‖ 補充 ★ 代替 ‖‖‖‖……

◇ **furnish** 〔'fɜnɪʃ〕 v. 佈置；供給

　…… 同 provide 〔prə'vaɪd〕 v. 提供　　furniture n. 家具

Her room was luxuriously ***furnished***.

（她的房間佈置得十分奢華。）

The lake ***furnishes*** this city with water.

（這個湖為該市提供用水。）

　* luxuriously 〔lʌk'ʃʊrɪəslɪ〕 adv. 奢侈地

❖ **replace** 〔rɪ'ples〕 v. 取代；更換

······ replacement n.

We *replaced* the old computer with a new one.
（我們把舊電腦換掉，換了一台新的。）

❖ **substitute** 〔'sʌbstə,tjut〕 v. 代替＜ *for* ＞

　　n. 代理人；代替品

······ substitution n.

He *substituted* fish *for* meat in his diet.
（在他的飲食中，他以魚代替肉。）

Our teacher was sick, so we had a *substitute*.
（我們的老師病了，所以由代課老師上課。）

❖ **compensate** 〔'kɑmpən,set〕 v. 補償；賠償 ＜ *for* ＞

······ compensation n. 補償

Nothing can *compensate for* the loss of my wife.
（我失去了妻子，這是無法補償的。）

······· ‖‖‖‖延遲 ★ 中斷‖‖‖‖ ·······

❖ **delay** 〔dɪ'le〕 v., n. 延緩；耽擱　　······ without delay 勿延；立即

The train was *delayed* for an hour.（火車誤點了一小時。）

He arrived *without delay*. （他馬上就到，沒有耽擱。）

❖ **suspend** 〔sə'spɛnd〕 v. 懸掛；暫停

······ 同 hang 〔hæŋ〕 v. 懸掛　suspension n. 暫停

We *suspended* a lamp from the ceiling.
（我們把一盞燈吊在天花板上。）

The trial was temporarily *suspended*.（審判暫時停止。）

＊ ceiling 〔'silɪŋ〕 n. 天花板

❖ **disturb** 〔dɪ'stɝb〕 *v.* 擾亂　……disturbance〔dɪ'stɝbəns〕*n.*

　　I'm sorry to *disturb* you.（很抱歉打擾你。）

❖ **interrupt** 〔͵ɪntə'rʌpt〕 *v.* 打擾；打斷

　　…… interruption〔͵ɪntə'rʌpʃən〕*n.*

　　Don't *interrupt* me while I'm studying.

　　（我在唸書時，不要打擾我。）

❖ **interfere** 〔͵ɪntə'fɪr〕 *v.* 干涉＜*in, with*＞；妨礙＜*with*＞

　　…… interference〔͵ɪntə'fɪrəns〕*n.* 干涉

　　Don't *interfere in* the problems of others.

　　（不要干涉別人的問題。）

　　This noise is *interfering with* my work.

　　（這個噪音妨礙到我的工作。）

❖ **postpone** 〔post'pon〕 *v.* 延期（= *put off*）

　　…… 囻 advance〔əd'væns〕*v.* 前進

　　We will *postpone* the meeting until next week.

　　（我們把會議延至下星期。）

REVIEW 19

（解答見p.244）

1. I propose that he_____chairman. 〔師大工教〕

   (A) be elected (B) electing (C) elected (D) elects

2. The train was d_____yed by the typhoon. 〔彰化師大〕

3. He was such a stubborn man that I could not p_____e
   him to give up that plan. 〔彰化師大〕

4. I am sorry to have you_____in this matter. 〔北區夜二專·彰化師大〕

   (A) belonged   (B) raised
   (C) involved   (D) adopted

5. Mary's_____at the university is mechanical engi-
   neering. 〔保送甄試·四技工商專〕

   (A) subject   (B) major   (C) item   (D) course

6. Because I was just an ordinary clerk, I_____follow
   his instructions. 〔四技工商專·北區夜二專〕

   (A) obliged   (B) obliged to
   (C) was oblige   (D) was obliged to

7. This manual_____all the instructions you need.

   (A) contains   (B) composes   〔四技工專〕
   (C) implies   (D) consists

······ ‖‖‖‖ 苦惱 ★ 失望 ‖‖‖‖ ······

◇ **upset** 〔ʌp'sɛt〕 *v*. 翻覆；煩亂〔upset, upset〕

The waiter **upset** the cups.

（服務生把杯子弄翻了。）

Her friend's death **upset** her very much.

（她朋友的死令她很難過。）

◇ **annoy** 〔ə'nɔɪ〕 *v*. 使苦惱

······ annoyance 〔ə'nɔɪəns〕 *n*. 煩惱

The delay of the flight **annoyed** me.

（班機延誤使我覺得不快。）

◇ **embarrass** 〔ɪm'bærəs〕 *v*. 使困窘

······ embarrassment *n*.　　embarrassing *adj*.

I've never been so **embarrassed** in all my life.

（我一輩子都沒有如此尷尬過。）

◇ **bother** 〔'baðɚ〕 *v*. 煩擾（＝*annoy*）；麻煩

Will it **bother** you if I turn the radio on?

（如果我打開收音機，會不會打擾到你？）

You needn't **bother** to lock the door.

（你不必麻煩去鎖門了。）

◇ **disappoint** 〔,dɪsə'pɔɪnt〕 *v*. 使失望

······ disappointment *n*.

I was **disappointed** at the results.

（我對這樣的結果感到失望。）

◇ **depression** 〔dɪˈprɛʃən〕 *n.* 沮喪；蕭條
　……同 recession 〔rɪˈsɛʃən〕 *n.*不景氣
　　　depress 〔dɪˈprɛs〕 *v.* 使沮喪
She was in a state of deep *depression*.（她非常地沮喪。）
There is a business *depression* at the moment.
（現在的商業不景氣。）

……‖‖‖‖ 理解 ★ 區別 ‖‖‖‖ ……

◇ **comprehend** 〔ˌkɑmprɪˈhɛnd〕 *v.* 理解
　……同understand 〔ˌʌndəˈstænd〕 *v.*　comprehension *n.*
It is difficult to *comprehend* her behavior.
（她的舉動很難理解。）

◇ **distinguish** 〔dɪˈstɪŋgwɪʃ〕 *v.* 區別＜*from*＞
　……distinction *n.*　distinct〔dɪˈstɪŋkt〕*adj.*清楚的；有區別的
He cannot *distinguish* right *from* wrong.
（他無法區分善惡。）

◇ **distinction** 〔dɪˈstɪŋkʃən〕 *n.* 區別
　……distinguish *v.*
Can you make a *distinction* between these two words?
（你能區分這兩個字的差別嗎？）

◇ **penetrate** 〔ˈpɛnəˌtret〕 *v.* 穿過；洞察
　……penetration *n.*
The bullets *penetrated* the door.（子彈穿過了門。）
We *penetrated* his disguise easily.
（我們輕而易舉地識破他的偽裝。）
　＊ bullet 〔ˈbʊlɪt〕 *n.* 子彈

……⦚⦚⦚⦚買賣 ★ 借貸⦚⦚⦚⦚……

❖ **purchase** 〔'pɝtʃəs,-ɪs〕 *v.* 購買(= *buy*) *n.* 購買;購得之物

We *purchased* a new house. (我們買了一間新房子。)

I made several *purchases* in the dress shop.
(我在服裝店裏買了幾件衣服。)

❖ **customer** 〔'kʌstəmɚ〕 *n.* (商店的)顧客

   ☞ guest 〔gɛst〕 *n.* (飯店等的)賓客
    client 〔'klaɪənt〕 *n.* (銀行等的)客戶

Most of the *customers* in this shop are young.
(這家店的大部分顧客都很年輕。)

❖ **debt** 〔dɛt〕 *n.* 債務

You've got to pay your *debts*. (你得償還債務。)

❖ **loan** 〔lon〕 *n., v.* 借;貸款

He got a large *loan* to buy a house.
(為了買房子,他借了一大筆錢。)

The bank *loaned* me one million dollars.
(銀行提供我一百萬元的貸款。)

❖ **credit** 〔'krɛdɪt〕 *n.* 信用;存款

   …… *credit card* 信用卡

The government has lost its *credit* after the scandal.
(醜聞爆發之後,政府已失去威信。)

In some stores, the customers are allowed to use
credit cards for their purchases.
(在一些商店裏,顧客可以用信用卡購物。)

······· ‖‖‖‖制度 ★ 機構‖‖‖‖· ·······

◇ **institution** 〔͵ɪnstə'tjuʃən〕 *n.* 制度；制定；機構

······ institute 〔'ɪnstə͵tjut〕 *v.* 制定

Marriage is a sacred **institution.**（婚姻是一種神聖的制度。）

Many people objected to the **institution** of the new law.（很多人反對制定那條新法。）

* object 〔əb'dʒɛkt〕 *v.* 反對

◇ **system** 〔'sɪstəm〕 *n.* 系統；組織

······ systematic 〔͵sɪstə'mætɪk〕 *adj.* 有系統的

The Japanese postal **system** is very efficient.（日本的郵政系統很有效率。）

* postal 〔'postl̩〕 *adj.* 郵政的

◇ **conference** 〔'kɑnfərəns〕 *n.* 會議

The president is in **conference** now.（董事長現在正在開會。）

◇ **committee** 〔kə'mɪtɪ〕 *n.* 委員會

He is on the education **committee.**（他是教育委員會的一員。）

······· ‖‖‖‖空虛 ★ 缺乏‖‖‖‖· ·······

◇ **vacant** 〔'vekənt〕 *adj.* 空的

······ 同 empty 〔'ɛmptɪ〕 *adj.*   vacancy *n.*

There were no **vacant** rooms in the hotel.（旅館沒有空房間了。）

◇ **vain** 〔ven〕 *adj.* 徒然的

    …… 同 useless 〔'juslɪs〕 *adj.*   vanity 〔'vænətɪ〕 *n.* 空虛；虛榮
      in vain 徒然

He made a *vain* attempt to get that job.

（他想得到那份工作的努力落空了。）

All our efforts were *in vain*.

（我們的努力都白費了。）

◇ **bare** 〔bɛr〕 *adj.* 無遮蔽的；赤裸的

    …… 同 naked 〔'nekɪd〕 *adj.*

The hot sand burnt my *bare* feet.

（熾熱的沙燙到我赤裸的雙腳。）

◇ **lack** 〔læk〕 *n.*, *v.* 缺乏（=*want*）

Many animals died for *lack* of water.

（很多動物因缺水而死。）

◇ **scarcely** 〔'skɛrslɪ〕 *adv.* 幾乎不

    …… 同 hardly 〔'hɑrdlɪ〕 *adv.*

She *scarcely* spoke to anyone at the party.

（在宴會中，她幾乎沒有和任何人講話。）

◇ **shortage** 〔'ʃɔrtɪdʒ〕 *n.* 不足

    …… short *adj.* 不足的；短的

We had a severe water *shortage* last summer.

（去年夏天我們嚴重缺水。）

‥‥‥‥ ‖‖‖‖‖ 得失 ★ 多寡 ‖‖‖‖‖ ‥‥‥‥

◇ **benefit** 〔ˈbɛnəfɪt〕 *n.* 利益 (= *profit*)

‥‥‥ beneficial 〔ˌbɛnəˈfɪʃəl〕 *adj.*

It is of great *benefit* to everyone.

（ 這對每一個人都大有益處 。）

◇ **profit** 〔ˈprɑfɪt〕 *n.* 利益 (↔ *loss*)

‥‥‥ profitable *adj.*

He made a *profit* of one million dollars on that transaction.

（ 他在那筆交易中，賺了一百萬元 。）

＊ transaction 〔trænsˈækʃən〕 *n.* 交易

◇ **loss** 〔lɔs〕 *n.* 損失

‥‥‥ 反 gain 〔gen〕 *n.*, *v.* 獲得　　lose 〔luz〕 *v.* 損失；遺失

His death was a great *loss* to Japan.

（ 他的死是日本的一大損失 。）

◇ **majority** 〔məˈdʒɔrətɪ, -ˈdʒɑr-〕 *n.* 大多數

‥‥‥ 反 minority 〔maɪˈnɔrətɪ〕 *n.* 少數

major 〔ˈmedʒɚ〕 *adj.* 主要的

The *majority* were in favor of the plan.

（ 大多數人贊成這個計劃 。）

＊ *in favor of* 贊成；支持

◇ **rare** 〔rɛr〕 *adj.* 罕見的

It is *rare* for him to arrive late.

（ 他很少遲到 。）

······ ‖‖‖‖慈愛 ★ 寬容‖‖‖‖ ······

❖ **affection** 〔ə'fɛkʃən〕 *n.* 情愛（= *love*）

······ affectionate *adj.*

He felt a deep ***affection*** for his old friend.

（他對老朋友有深厚的感情 。）

❖ **affectionate** 〔ə'fɛkʃənɪt〕 *adj.* 摯愛的

······圓 loving 〔'lʌvɪŋ〕 *adj.*　 affectionately *adv.*

She is ***affectionate*** towards her children.

（她深愛她的孩子 。）

❖ **generous** 〔'dʒɛnərəs〕 *adj.* 寬大的；慷慨的

······ generosity 〔,dʒɛnə'rɑsətɪ〕 *n.*

He was very ***generous*** in his treatment of the captives.

（他對俘虜十分寬大 。）

* captive 〔'kæptɪv〕 *n.* 俘虜

❖ **liberal** 〔'lɪbərəl〕 *adj.* 大方的；自由主義的

······ liberty *n.* 自由

He has a ***liberal*** mind. （他的思想很開放 。）

REVIEW ⓴

（解答見 p.244）

1. The twins were so much alike that it was impossible to _____ one from the other.〔四技商專〕

   (A) distinguish (B) induce (C) facilitate (D) complain

2. A man of good_____is able to purchase or receive goods without immediate payments.〔四技工專〕

   (A) cash (B) service (C) license (D) credit

3. I was quite_____in his words, for I had always treated him as he was my brother.〔四技商專・北區夜二專〕

   (A) disappoint (B) disappointed

   (C) disappointing (D) disappointment

4. I feel much_____by the bad news.〔彰化師大・四技商專〕

   (A) depressing (B) depression

   (C) depress (D) depressed

5. It's easier to get along with_____minded people.

   (A) affection (B) vacant 〔師大工教〕

   (C) embarrassing (D) liberal

6. I_____go to such an expensive restaurant for lunch.

   (A) rare (B) bare 〔保送甄試〕

   (C) rarely (D) barely

7. I tried in v_____n to save him.〔四技商專〕

········ ‖‖‖‖選擇 ★ 計畫‖‖‖‖ ········

✧ **choice** 〔tʃɔɪs〕*n.* 選擇　　······ choose 〔tʃuz〕*v.*

What influenced you when you made your *choice*?

（你做抉擇時會受什麼的影響？）

✧ **project** 〔ˈprɑdʒɛkt〕*n.* 計畫　〔prəˈdʒɛkt〕*v.* 計畫；投影

······ 同 plan 〔plæn〕*n.,v.* 計畫

The city has begun the *project* to build a new hall.

（這城市開始計畫興建一座新會堂。）

The chairman of the committee *projected* a visit to

Taiwan.（該委員會的主席計畫來台訪問。）

✧ **appointment** 〔əˈpɔɪntmənt〕*n.* 任命；約會

······ appoint *v.*

We are all pleased about his *appointment*.

（我們都對他的任命感到高興。）

I made an *appointment* to see the president.

（我和董事長有約。）

········ ‖‖‖‖時間 ★ 現象‖‖‖‖ ········

✧ **fortnight** 〔ˈfɔrtnaɪt, -nɪt〕*n.* 兩星期

He's gone away on a *fortnight's* holiday.

（他休假兩星期。）

✧ **annual** 〔ˈænjʊəl〕*adj.* 一年一次的　······ 同 yearly 〔ˈjɪrlɪ〕*adj.*

What's your *annual* salary?（你的年薪多少？）

＊ salary 〔ˈsælərɪ〕*n.* 薪水

◇ **recess** 〔rɪ'sɛs, 'risɛs〕 *n*. 休息時間 〔rɪ'sɛs〕 *v*. 休息

...... 同 break 〔brek〕 *n*.

The children have *recess* from 10:00 to 10:15.

(孩子們的休息時間，從十點到十點十五分 。)

◇ **dawn** 〔dɔn〕 *n*. 黎明

...... 同 daybreak 〔'de,brek〕 *n*.　　*at dawn* 黎明時分

We must get up *at dawn*. (我們黎明時就得起牀 。)

◇ **twilight** 〔'twaɪ,laɪt〕 *n*. 黃昏　　...... 同 dusk 〔dʌsk〕 *n*.

The sight of the birds flying back home in the *twilight*
was spectacular.

(黃昏時衆鳥歸巢的景象十分壯觀 。)

* spectacular 〔spɛk'tækjələ〕 *adj*. 壯觀的

◇ **phenomenon** 〔fə'namə,nan〕 *n*. 現象

(*pl*.) phenomena 〔fə'namənə〕

...... phenomenal 〔fə'namənḷ〕 *adj*.

Thunder is a natural *phenomenon*. (打雷是一種自然現象 。)

.... ‖‖‖‖‖必要 ★ 必然‖‖‖‖‖ ....

◇ **vital** 〔'vaɪtḷ〕 *adj*. 生命的；極重要的

...... vitality *n*. 活力

The bullet hit him in a *vital* organ.

(子彈打中了他的要害 。)

His cooperation is *vital* to the success of the plan.

(他的合作對計劃的成功非常重要 。)

* organ 〔'ɔrgən〕 *n*. 器官

❖ **essential** 〔ə'sɛnʃəl〕 *adj.* 必要的
…… essence 〔'ɛsn̩s〕 *n.* 精髓；本質
Food and drink are *essential* to life.
（食物和飲料是生命的必需品。）

❖ **absolute** 〔'æbsə,lut〕 *adj.* 絕對的；完全的
…… 反 relative 〔'rɛlətɪv〕 *adj.* 相對的
You must tell the *absolute* truth.
（你一定要把事實完全說出來。）

❖ **indispensable** 〔,ɪndɪs'pɛnsəbl̩〕 *adj.* 不可缺少的
…… 同 necessary 〔'nɛsə,sɛrɪ〕 *adj.*
He's becoming *indispensable* to our team.
（他已成爲我隊不可缺少的人。）

❖ **inevitable** 〔ɪn'ɛvətəbl̩〕 *adj.* 不可避免的
…… 同 unavoidable 〔,ʌnə'vɔɪdəbl̩〕 *adj.* inevitably *adv.*
Accidents are *inevitable*. （意外是不可避免的。）

❖ **fate** 〔fet〕 *n.* 命運
…… 同 destiny 〔'dɛstənɪ〕 *n.*
fatal 〔'fetl̩〕 *adj.* 不幸的；致命的；重大的
It was his *fate* to meet her there.
（他命中註定要在那兒與她相遇。）

……… ‖‖‖‖商業 ★ 經濟‖‖‖‖ ………

❖ **commerce** 〔'kɑmɝs〕 *n.* 商業
…… commercial 〔kə'mɝʃəl〕 *adj.*
They are engaged in *commerce*. （他們是從商的。）

◇ **economy** 〔ɪˈkɑnəmɪ〕 *n*. 經濟；節約

    …… economic 〔,ɪkəˈnɑmɪk〕 *adj*. 經濟(上)的

         economical 〔,ɪkəˈnɑmɪk̩〕 *adj*. 節約的

The country has unstable *economy*.

（那個國家經濟不穩定。）

We've got to make a few *economies*.

（我們要充實一些節約措施才行。）

    * unstable 〔ʌnˈsteb̩〕 *adj*. 不穩定的

◇ **tax** 〔tæks〕 *n*. 稅   …… taxation 〔tæksˈeʃən〕 *n*. 課稅

The government have increased the *taxes* on petrol
and beer. （政府增加了汽油和啤酒的稅額。）

    * petrol 〔ˈpɛtrəl〕 *n*. 汽油

◇ **exchange** 〔ɪksˈtʃendʒ〕 *v*. 交換；兌換   *n*. 交換；滙率

    …… *foreign exchange* 外滙

Where can I *exchange* my dollars for pounds?

（我可以在哪裏把美金換成英鎊呢？）

◇ **insurance** 〔ɪnˈʃʊrəns〕 *n*. 保險；保險金

    …… insure *v*.

The damage was covered by *insurance*.

（這次的損失由保險金來抵償。）

    * cover 〔ˈkʌvɚ〕 *v*. 抵償

◇ **enterprise** 〔ˈɛntɚ,praɪz〕 *n*. 企業；事業心

    …… enterprising *adj*. 富創業精神的；有進取心的

He ran several small *enterprises*.

（他經營數家小型企業。）

We need someone with *enterprise*.

（我們需要有事業心的人才。）

······ ‖‖‖‖選舉 ★ 活動‖‖‖‖ ······

◇ **vote** 〔vot〕 *n.,v.* 投票

That political party received few *votes*.

（那個政黨只獲得少數的選票。）

◇ **election** 〔ɪ'lɛkʃən〕 *n.* 選舉 ······ elect *v.*

When do the *elections* take place?

（選舉何時舉行？）

◇ **campaign** 〔kæm'pen〕 *n.* 活動；選舉運動

The Presidential *campaign* was in full swing in its

last week.（總統大選的競選活動在最後一週中達到最高潮。）

* *in full swing* 熱烈地進行中

◇ **representative** 〔,rɛprɪ'zɛntətɪv〕 *n.* 代表

······ represent 〔,rɛprɪ'zɛnt〕 *v.*

Every country sent a *representative* to the meeting.

（每一個國家都派一個代表參加會議。）

······ ‖‖‖言論 ★ 諺語‖‖‖ ······

◇ **lecture** 〔'lɛktʃə〕 *n.,v.* 演講

The professor always gives a wonderful *lecture*.

（那位教授的演講總是很精彩。）

◇ **proverb** 〔'pravɝb〕 *n.* 格言；諺語

" Time flies " is a *proverb*.

（「光陰似箭」是一句諺語。）

◇ **maxim** 〔'mæksɪm〕 *n*. 格言；座右銘

" No pains, no gains " is my *maxim*.
（「一分耕耘，一分收穫」是我的座右銘。）

◇ **boast** 〔bost〕 *v*. 自誇　……boastful *adj*.

She *boasts* that her car is faster than mine.
（她誇耀她的車跑得比我的快。）

◇ **theory** 〔'θiərɪ,'θɪərɪ〕 *n*. 理論

……　囻practice 〔'præktɪs〕 *n*. 實際應用
　　theoretical 〔,θiə'rɛtɪkl̩〕 *adj*.　　theoretically *adv*.

Have you studied the *theory* of evolution?
（你唸過進化論嗎？）

········ ‖‖‖‖‖調查 ★ 研究‖‖‖‖‖ ·······

◇ **investigate** 〔ɪn'vɛstə,get〕 *v*. 調查；研究

……　investigation *n*.

The police are *investigating* the murder.
（警方正在調查這件謀殺案。）

◇ **survey** 〔sɚ've〕 *v*. 視察；眺望　〔'sɝve,sɚ've〕 *n*. 縱覽；視察

You had better *survey* the house before buying it.
（買房子前你最好先視察一下。）

We *surveyed* the night view of the whole town.
（我們眺望整個小鎮的夜景。）

◇ **research** 〔'risɝtʃ, rɪ'sɝtʃ〕 *v*.,*n*. 研究

They are *researching* into the cause of that disease.
（他們正在研究那種疾病的起因。）

◇ **observe** 〔əb'zɝv〕 *v*. 觀察；遵守

　　‥‥‥ observation *n*. 觀察　　observance *n*. 遵守

　　His hobby is *observing* the stars.

　　（他的嗜好是觀察星星。）

　　We must *observe* the traffic regulations.

　　（我們必須遵守交通規則。）

　　* regulation 〔,rɛgjə'leʃən〕 *n*. 規定；法令

◇ **analyze** 〔'ænḷ,aɪz〕 *v*. 分析　　‥‥‥ analysis *n*.

　　They *analyzed* the food and found it contained poison.

　　（他們分析這些食物，並發現其中有毒。）

　　* poison 〔'pɔɪzṇ〕 *n*. 毒藥

◇ **examine** 〔ɪg'zæmɪn〕 *v*. 檢查；測驗

　　‥‥‥ 同 inspect 〔ɪn'spɛkt〕 *v*. 檢查　　examination *n*. 測驗

　　My bags were *examined* when I entered this country.

　　（當我入境這個國家時，行李曾接受檢查。）

　　‥‥‥‥ ⦀⦀⦀證據 ★ 其他⦀⦀⦀ ‥‥‥‥

◇ **evidence** 〔'ɛvədəns〕 *n*. 證據　　‥‥‥ evident *adj*. 明顯的

　　Can you show me any *evidence* for your statement?

　　（你能給我任何證據支持你的論點嗎？）

◇ **proof** 〔pruf〕 *n*. 證據　　*adj*. 能保護的

　　‥‥‥ prove *v*. 證明

　　There is no *proof* that he is the criminal.

　　（沒有任何證據證明他就是罪犯。）

　　This watch is water*proof*.（這隻錶是防水的。）

❖ **imply** 〔ɪm'plaɪ〕 *v*. 暗示；意指

　　…… implication 〔͵ɪmplɪ'keʃən〕 *n*. 含意；暗示

　　She *implied* that she would like to come with us.

　　（她暗示想跟我們一起走。）

❖ **regret** 〔rɪ'grɛt〕 *v*.,*n*. 後悔；悼惜　　…… regretful *adj*.

　　Everyone *regretted* his death.

　　（每個人都爲他的死而悼惜。）

　　I had no *regrets* about what I had said.

　　（我所說的話，我絕不後悔。）

❖ **incident** 〔'ɪnsədənt〕 *n*. 事件

　　…… 同 event 〔ɪ'vɛnt〕 *n*.　　incidental 〔͵ɪnsə'dɛntl〕 *adj*.

　　The unfortunate *incident* was finally forgotten.

　　（那件不幸的事最後終被遺忘。）

　　＊ unfortunate 〔ʌn'fɔrtʃənɪt〕 *adj*. 不幸的

❖ **security** 〔sɪ'kjʊrətɪ〕 *n*. 安全；保證

　　…… 同 safety 〔'seftɪ〕 *n*. 安全　　secure *adj*. *v*.

　　The army is responsible for the country's *security*.

　　（軍隊要負責保護國家安全。）

　　＊ army 〔'ɑrmɪ〕 *n*. 軍隊

❖ **flexible** 〔'flɛksəbḷ〕 *adj*. 易彎曲的；易適應的

　　This metal is not *flexible*.（這種金屬不易彎曲。）

　　＊ metal 〔'mɛtḷ〕 *n*. 金屬

❖ **fury** 〔'fjʊrɪ〕 *n*. 憤怒

　　…… 同 anger 〔'æŋgə〕 *n*.　　furious 〔'fjʊrɪəs〕 *adj*.

　　I was filled with *fury* and could not speak.

　　（我氣得說不出話來。）

REVIEW ㉑

（解答見p.244）

1. Fresh air is essential＿＿＿＿＿good health. 〔四技工專・
　北區夜二專〕
　(A) for　　　　　　　　　　(B) to
　(C) in　　　　　　　　　　(D) on

2. Electrical energy is＿＿＿＿＿nowadays. 〔保送甄試〕
　(A) obvious　　　　　　　　(B) cautious
　(C) financial　　　　　　　(D) indispensable

3. ＿＿＿＿＿is often said to be the exchange and distribution
　of goods on a large scale. 〔四技商專〕
　(A) Commerce　　　　　　　(B) Pension
　(C) Insurance　　　　　　　(D) Premium

4. If you want to see a friend, you telephone first to make
　an＿＿＿＿＿. 〔保送甄試〕
　(A) explanation　　　　　　(B) order
　(C) appointment　　　　　　(D) experiment

5. My major is accounting but he majors in＿＿＿＿＿.
　(A) economy　　　　　　　(B) economical　　〔四技商專〕
　(C) economics　　　　　　(D) economic

6. He tried to＿＿＿＿＿his love to me. 〔四技工專〕
　(A) boast　　　(B) regret　　(C) examine　　(D) prove

7. The＿＿＿＿＿on the scandal went on for days. 〔彰化師大〕
　(A) investment　　　　　　(B) investigation
　(C) theory　　　　　　　(D) lecture

高職應屆畢業生保送甄試

1. 保送甄試資格：

甲、學業優良應屆畢業生：

(1) 公私立高級職業學校及高級中學（含夜間部）相關類科本年應屆畢業生，其在學期間五（或七）個學期學業成績平均及專業實習成績在七十五分以上，操行及體育成績在乙等以上，且符合本簡章所訂『適合保送之應屆畢業科組』之規定者，得由就讀學校擇優保送參加甄試。

(2) 保送名額之限制訂定如下：

①工業類科、商業類科，高職應屆畢業生合於成績標準者，每班擇優保送10名。（以各該班前 10 名為限，不得以其他班其他學生遞補）

②其他類科高職應屆畢業生，合於成績標準者，即可保送不受名額之限制。

乙、技能（藝）競賽優勝者：

(1) 為加強技術職業教育，提高技術水準舉辦『技能（藝）競賽優勝者保送甄試』以優待加分鼓勵優勝者升學深造。

凡本年『全國高級中等學校學生技能競賽前三名』暨『臺灣區高級中等學校學生技能競賽優勝者』，其在學期間五（或七）個學期學業及實習成績平均各在七十分以上，操行、體育成績均在乙等以上者得由就讀學校保送甄試。

(2) 競賽優勝者優待加分標準如下：

A：全國技能競賽前三名：

名　次	加實得總分
第一名	30 ％
第二名	25 ％
第三名	20 ％

B：台灣區技藝競賽優勝者：

名　　次	加實得總分
第 1 － 3 名	15 ％
第 4 － 10 名	10 ％
第 11 － 15 名	5 ％
第 16 － 20 名	3 ％

C：國技競賽：國技科展前三名加總分 40 ％；優勝加總分 30 ％。

D：甲級技術士加總分 20 ％；乙級加總分 10 ％。

2. 甄試科目：

(1) 應考科目：三民主義、國文、英文、數學及專業科目。

(2) 成績核計：與日、夜二專聯招所考科目相同，總分仍為 800 分。

Other Word Groupings

PART 2 其他單字分類

Pairs・單字綜合整理

······· ||||||Antonyms反義字|||||| ·······

❖ **entrance**〔'ɛntrəns〕*n.* 入口
  exit〔'ɛgzɪt〕*n.* 出口

 Where is the ***entrance*** to the museum？
 （博物館的入口在哪裏？）
 Where is the emergency ***exit***？（緊急出口在哪裏？）

❖ **employer**〔ɪm'plɔɪɚ〕*n.* 雇主　 ······ employ *v.* 雇用
  employee〔ɪm'plɔɪ·i，ˌɛmplɔɪ'i〕*n.* 雇員

 His ***employer*** dismissed him yesterday.
 （他的老板昨天開除了他。）
 This firm has a hundred ***employees***.
 （這家公司有一百名員工。）

❖ **tame**〔tem〕*adj.* 馴服的
  wild〔waɪld〕*adj.* 野生的

 This lion is very ***tame***.（這隻獅子非常溫馴。）
 Are these horses ***tame*** or ***wild***？
 （這些馬是已馴服的還是野馬？）

❖ **upstairs**〔'ʌp'stɛrz〕*adv.* 樓上
  downstairs〔'daʊn'stɛrz〕*adv.* 樓下

 My room is ***upstairs*** on the left.（我的房間在樓上左邊。）
 I left my dictionary ***downstairs***.（我把字典留在樓下。）

❖ **latter** 〔'lætə〕 *adj.* 後面的　*n.* 後者
　former 〔'fɔrmə〕 *adj.* 以前的　*n.* 前者

　　The *latter* years of the artist's life weren't happy.
　　（這藝術家生命中的後幾年並不快樂。）
　　Out of the two designs, I prefer the *former* to the
　　latter.（這二個設計中，我喜歡前者勝於後者。）

❖ **tight** 〔taɪt〕 *adj.* 緊的
　loose 〔lus〕 *adj.* 鬆的　······ loosen *v.* 放鬆

　　Pull the rope *tight*.（把繩子拉緊。）
　　This button is *loose*.（這顆鈕扣鬆了。）

❖ **include** 〔ɪn'klud〕 *v.* 包含　······ inclusion *n.*　inclusive *adj.*
　exclude 〔ɪk'sklud〕 *v.* 除外　······ exclusion *n.*　exclusive *adj.*

　　The price *includes* the postage charge.
　　（這個價錢包含了郵資。）
　　He was *excluded* from the club.（他被排除在該社團之外。）

❖ **import** 〔ɪm'port, -'port〕 *v.* 輸入　〔'ɪmpɔrt, 'ɪmport〕
　　n. 輸入（品）
　export 〔ɪks'port, 'ɛksport〕 *v.* 輸出　〔'ɛksport〕 *n.* 輸出（品）

　　We *import* / *export* a lot of automobile from / to
　　that country.
　　（我們輸出很多汽車到該國。/ 我們從該國進口很多汽車。）
　　The *import* of wine is restricted in that country.
　　（該國的酒類進口受到限制。）
　　Wool is an important Australian *export*.
　　（羊毛是澳洲重要的輸出品。）

❖ **male** 〔mel〕 *n.* 男人；雄性動物　*adj.* 男的；雄性的
female 〔'fimel〕 *n.* 女人；雌性動物　*adj.* 女的；雌性的

　　We only employ *male / female* workers.
　　（我們只雇用男性 / 女性員工。）
　　Are *males* stronger than *females*？（男人比女人强壯嗎？）

❖ **fortune** 〔'fɔrtʃən〕 *n.* 運氣；財富　⋯⋯ fortunate *adj.*
misfortune 〔mɪs'fɔrtʃən〕 *n.* 不幸

　　That old gypsy woman tells *fortunes*.
　　（那個老吉普賽女人會算命。）
　　She won a *fortune* on stocks.（她在股票上賺了一筆財富。）
　　Misfortunes rarely come singly.
　　（不幸很少會單獨而來——禍不單行。＜諺＞）

❖ **inferior** 〔ɪn'fɪrɪə〕 *adj.* 劣等的
　　⋯⋯ inferiority 〔ɪn,fɪrɪ'arətɪ〕*n.*　*be inferior to* ～ 劣於～
superior 〔sə'pɪrɪə〕 *adj.* 優等的
　　⋯⋯ superiority *n.*　　*be superior to* ～　優於～

　　My work *is inferior to* hers.（我的作品比不上她的。）
　　A word processor *is superior to* a typewriter.
　　（文字處理機比打字機好。）

❖ **encourage** 〔ɪn'kɝɪdʒ〕 *v.* 鼓勵　⋯⋯ encouragement *n.*
discourage 〔dɪs'kɝɪdʒ〕 *v.* 使沮喪
　　⋯⋯ discouragement *n.*　　discouraging *adj.*

　　You must *encourage* him to try again.
　　（你必須鼓勵他再試一次。）
　　He is *discouraged* by his wife's death.
　　（他太太的死使他很沮喪。）

◇ **physical** 〔'fɪzɪkḷ〕 *adj.* 物質的；身體的

…… 反 spiritual〔'spɪrɪtʃʊəl〕 *adj.* 精神的

mental 〔'mɛntḷ〕 *adj.* 精神的；心智的

…… mentality *n.* 智力；心理狀態

We live in a ***physical*** world.（我們生活在物質世界中。）

His ***mental*** powers are marvelous.

（他的腦力驚人。）

◇ **immigrant** 〔'ɪməgrənt,'ɪmə,grænt〕 *n.*（自外國移入的）移民

…… immigrate *v.*　immigration *n.* 移入

emigrant 〔'ɛməgrənt〕 *n.*（由本國移出的）移民

…… emigrate *v.*

Australia has many ***immigrants*** from England.

（澳洲有很多英國移民。）

My grandparents were ***emigrants*** from Italy.

（我的祖父母是由義大利移出的移民。）

◇ **negative** 〔'nɛgətɪv〕 *adj.* 消極的；否定的　*n.* 否定

…… 反 affirmative〔ə'fɝmətɪv〕 *adj.* 肯定的

positive 〔'pɑzətɪv〕 *adj.* 積極的；明確的

He takes a ***negative*** attitude toward life.

（他對生活的態度很消極。）

His answer was ***negative***.（他的答覆是否定的。）

He's a very ***positive*** man.

（他是個很積極的人。）

We have no ***positive*** answer to the question.

（對於這個問題，我們並沒有明確的答案。）

❖ **lunar** 〔'lunɚ〕 *adj.* 月球的
　　…… *lunar eclipse* 月蝕
　　solar 〔'solɚ〕 *adj.* 太陽的
　　…… *solar eclipse* 日蝕
　　　　There will be a ***lunar eclipse*** tomorrow night.
　　　　（明晚將有月蝕。）
　　　　This machine runs on ***solar*** energy.
　　　　（這部機器利用太陽能運作。）
　　　　* eclipse 〔ɪ'klɪps〕 *n.* （日，月）蝕

❖ **liquid** 〔'lɪkwɪd〕 *adj.* 液態的；流動的　*n.* 液體
　　solid 〔'salɪd〕 *adj.* 固體的；牢固的　*n.* 固體
　　　　The shampoo is made of ***liquid*** soap.
　　　　（這種洗髮精是用液體肥皂製成的。）
　　　　Water becomes ***solid*** when it freezes.
　　　　（水凍結時，會變成固態。）
　　　　This old house is still very ***solid***.
　　　　（這棟舊房子仍舊十分牢固。）
　　　　* shampoo 〔ʃæm'pu〕 *n.* 洗髮精

❖ **comedy** 〔'kamədɪ〕 *n.* 喜劇
　　tragedy 〔'trædʒədɪ〕 *n.* 悲劇
　　　　We went to see a ***comedy*** in London.
　　　　（我們到倫敦看一齣喜劇。）
　　　　Hamlet is one of Shakespeare's ***tragedies***.
　　　　（哈姆雷特是莎士比亞所寫的悲劇之一。）

―――― 學習師資最優・學費最低 ――――

······ ‖‖‖‖‖Related Words相關單字‖‖‖‖‖ ·······

❖ **quality** 〔'kwɑlətɪ〕*n.* 質；特質
　quantity 〔'kwɑntətɪ〕*n.* 量

　　I think *quality* is more important than *quantity*.
　　（我認爲質比量重要。）
　　The factory needs a large *quantity* of oil.
　　（工廠需要大量石油。）

❖ **hunger** 〔'hʌŋgɚ〕*n.* 飢餓　　······ hungry *adj.*
　famine 〔'fæmɪn〕*n.* 饑荒

　　　　The children died of *hunger*.（那些孩童死於飢餓。）
　　　　Many people die during *famines* every year.
　　　　（每年有很多人在飢荒中餓死。）

❖ **efficient** 〔ə'fɪʃənt〕*adj.* 有效率的　　······ efficiency *n.*
　effective 〔ə'fɛktɪv〕*adj.* 有效的　　······ effect *n.*

　　This is the most *efficient* method.
　　（這是最有效率的方法。）
　　His efforts to improve the school have been
　　effective.（他爲了改革學校所做的努力很有成效。）

❖ **crime** 〔kraɪm〕*n.* （法律上的）罪
　　······ criminal 〔'krɪmənḷ〕*n.* 罪犯　　*adj.* 犯罪的
　sin 〔sɪn〕*n.* （道德、宗教上的）罪

　　　　If you commit a *crime* you will be punished.
　　　　（如果你犯罪，你就會受到處罰。）
　　　　Some people consider it a *sin* to drink alcohol.
　　　　（有些人認爲喝酒是一種罪。）

✧ **blind** 〔blaɪnd〕 *adj*. 瞎的

dumb 〔dʌm〕 *adj*. 啞的

deaf 〔dɛf〕 *adj*. 聾的

The **blind** do not always need our help.

（盲人並不一定需要我們的幫助 。）

The boy was born **dumb**. （那個男孩生下來就是啞巴 。）

He has been **deaf** since birth.

（他出生時就耳聾 。）

✧ **wound** 〔wund〕 *n*. 受傷 *v*. 使受傷

injure 〔'ɪndʒɚ〕 *v*. 使受傷；傷害

······ 同 hurt 〔hɝt〕 *v*.,*n*.　　injury *n*.

He suffered a slight **wound** in the accident.

（他在那次意外中受到輕傷 。）

Many soldiers were **wounded** in the battle.

（許多士兵在戰鬥中受傷 。）

He was **injured** badly in the car accident.

（他在車禍中受到重傷 。）

✧ **economic** 〔,ikə'nɑmɪk, ,ɛk-〕 *adj*. 經濟（學）的

······ economy 〔ɪ'kɑnəmɪ〕 *n*. 經濟

economical 〔,ikə'nɑmɪkḷ,,ɛk-〕 *adj*. 經濟的；節省的

······ 反 wasteful 〔'wɛstfəl〕 *adj*. 浪費的

The country is in a bad **economic** state.

（這個國家經濟狀況很差 。）

A small car is more **economical** than a large one.

（小車比大車經濟 。）

❖ **income** 〔'ɪn,kʌm, 'ɪŋ,kʌm〕 *n.* 收入

…… 反 expense 〔ɪk'spɛns〕*n.* 費用；消費
　　 outgo 〔'aʊt,go〕*n.* 支出

　outcome 〔'aʊt,kʌm〕*n.* 結果

　　Try to live within your *income*.
　　（你要試著過量入爲出的生活。）
　　Do you know the *outcome* of the game?
　　（你知道比賽的結果嗎？）

❖ **industrious** 〔ɪn'dʌstrɪəs〕*adj.* 勤勉的

…… 同 diligent 〔'dɪlədʒənt〕*adj.*　industry 〔'ɪndəstrɪ〕*n.* 勤勉

　industrial 〔ɪn'dʌstrɪəl〕*adj.* 工業的

…… industry *n.* 工業

　　The man is intelligent and *industrious*.
　　（這個人聰明又勤勉。）
　　The United States is an *industrial* nation.
　　（美國是工業國家。）

學習補習班…………
學生每天考一題數學？

〰〰〰〰〰〰〰〰〰〰〰〰

　　學習各班同學在放學之前，都安排一題數學測驗，促使同學能重覆練習各單元的題型，如第一天考數論，第二天考數列級數與數學歸納法，第三天考直線方程式與線性歸劃……等，考完卽發詳解，讓同學立卽學習解題技巧，建立正確思路。

REVIEW 22

（解答見 p.244）

1. People living in the＿＿＿＿nations enjoy a better standard of living.〔北區夜二專・四技工專〕
(A) industry   (B) industrial
(C) industriously   (D) industrialize

2. 1,089 illegal＿＿＿＿from mainland China have been arrested since June 1.〔四技工專〕
(A) immigrants   (B) emigrants
(C) immigration   (D) emigration

3. We call the power of the sun's light and heat "＿＿＿＿ energy".〔四技工專〕
(A) solar   (B) lunar   (C) star   (D) Mars

4. The children ran＿＿＿＿.〔四技工專〕
(A) to upstair   (B) to upstairs
(C) upstair   (D) upstairs

5. Everyone likes to work for Mr. Johnson. He is a respected ＿＿＿＿.〔四技商專・中區夜二專〕
(A) employee   (B) employer
(C) employment   (D) employ

6. Q＿＿＿＿y is more important than quantity.〔四技商專〕

7. He prefers c＿＿＿＿y to tragedy.〔北區夜二專〕

Derivatives・字根字組

⋯⋯⋯ ‖‖‖‖‖bio-〈生命〉‖‖‖‖‖ ⋯⋯⋯

◇ **biography** 〔baɪˈɑgrəfɪ〕 *n.* 傳記

Boswell wrote a famous *biography* of Dr. Johnson.
（包斯威爾寫了一部很有名的強生博士傳。）

◇ **autobiography** 〔ˌɔtəbaɪˈɑgrəfɪ〕 *n.* 自傳

His *autobiography* was published just after he died.
（他的自傳在他死後隨即出版。）

◇ **biology** 〔baɪˈɑlədʒɪ〕 *n.* 生物學

He took a course in *biology*.（他選修生物學。）

⋯⋯⋯ ‖‖‖‖‖dis-〈否定〉‖‖‖‖‖ ⋯⋯⋯

◇ **disappear** 〔ˌdɪsəˈpɪr〕 *v.* 消失

⋯⋯ 反 appear *v.* 出現　　disappearance *n.*

The sun *disappeared* behind a cloud.（太陽消失在雲後。）

◇ **discourage** 〔dɪsˈkɝɪdʒ〕 *v.* 使沮喪

If you fail driving test for the first time, don't be
discouraged.（如果你第一次駕駛考試就失敗的話,不要氣餒。）

◇ **disadvantage** 〔ˌdɪsədˈvæntɪdʒ〕 *n.* 不利

Being short is a *disadvantage* to a basketball player.
（身高矮對籃球選手來說很不利。）

······· ‖‖‖‖‖in-〔il-, im-, ir-〕〈否定〉‖‖‖‖‖ ·······

❖ **independence** 〔ˌɪndɪ'pɛndəns〕 *n.* 獨立
······ 反 dependence *n.* 依賴   independent *adj.*
India gained ***independence*** from Britain in 1947.
（印度在1947年脫離英國而獨立。）

❖ **inevitable** 〔ɪn'ɛvətəbļ〕 *adj.* 無法避免的
War is not ***inevitable***. （戰爭並不是無法避免的。）

❖ **illegal** 〔ɪ'ligļ〕 *adj.* 非法的
It's ***illegal*** to park your car here.
（在這裏停車是違法的。）

❖ **impolite** 〔ˌɪmpə'laɪt〕 *adj.* 無禮的
It was ***impolite*** of him to go without saying goodbye.
（他沒說再見就走是很無禮的。）

❖ **impatient** 〔ɪm'peʃənt〕 *adj.* 沒耐性的；性急的
······ 反 patient *adj.*   *be impatient to* ～ 等不及   impatience *n.*
He was ***impatient*** of any delays.
（他對於任何延緩都很沒耐性。）
She *was **impatient** to* leave the party.
（她等不及要離開舞會。）

❖ **irregular** 〔ɪ'rɛgjələ〕 *adj.* 不規則的
His attendance at classes was ***irregular***.
（他經常曠課。）

······· ‖‖‖‖manu-〈手〉‖‖‖ ·······

❖ **manual** 〔'mænjʊəl〕 *adj.* 手工的   *n.* 手册

He likes *manual* work.（他喜歡手工製品。）

If you don't know how to use this machine, consult the *manual*.

（如果你不知道如何使用這部機器，請查詢使用手册。）

❖ **manufacture** 〔ˌmænjə'fæktʃɚ〕 *v.*, *n.* 製造

······ manufacturer *n.*.

That factory *manufactures* trucks and buses.

（那家工廠製造卡車與巴士。）

❖ **manuscript** 〔'mænjəˌskrɪpt〕 *n.* 原稿；手稿

I will send the *manuscript* of the book tomorrow.

（明天我將寄出此書的原稿。）

······· ‖‖‖‖micro-〈微小〉‖‖‖ ·······

❖ **microphone** 〔'maɪkrəˌfon〕 *n.* 擴音器

He used a *microphone* so that everyone could hear him.

（他用擴音器說話，所以每個人都聽得見。）

❖ **microscope** 〔'maɪkrəˌskop〕 *n.* 顯微鏡

We can see some bacteria under a *microscope*.

（在顯微鏡下我們可以觀察細菌。）

 ＊ bacteria 〔bæk'tɪrɪə〕 *n. pl.* 細菌

······· ||||||| ||||||| -script-〈書寫〉|||||||· ·······

❖ **description** 〔dɪsˈkrɪpʃən〕 *n.* 描述
······ describe 〔dɪˈskraɪb〕 *v.*

That book gives a good *description* of life on a farm.
(那本書詳細描寫農場生活。)

❖ **prescription** 〔prɪˈskrɪpʃən〕 *n.* 處方；命令；指示
······ prescribe 〔prɪˈskraɪb〕 *v.* 開處方；指示

The doctor gave me a *prescription* for the cold.
(醫生給我治感冒的處方。)

······· |||||||tele-〈遠的；電訊〉|||||||· ·······

❖ **telegraph** 〔ˈtɛləˌgræf〕 *n.* 電報

The *telegraph* gave way to the telephone.
(電報被電話所取代。)

❖ **telegram** 〔ˈtɛləˌgræm〕 *n.* 電報（ telegraph 可指電報內容，
而 telegram 則指電訊本身。)

I sent a *telegram* of congratulation to them.
(我拍了一份賀電給他們。)

❖ **telephone** 〔ˈtɛləˌfon〕 *n.* 電話

He told me the news by *telephone*.(他打電話告訴我這個消息。)

❖ **telescope** 〔ˈtɛləˌskop〕 *n.* 望遠鏡

We can see Saturn with a *telescope*.
(用望遠鏡我們可以看到土星。)

＊ Saturn 〔ˈsætən〕 *n.* 土星

········ ‖‖‖‖‖‖ trans-〈轉移〉‖‖‖‖‖ ········

❖ **transport** 〔træns'port,-'port〕 *v.* 運輸；運送

······ transportation〔,trænspə'teʃən〕*n.* 運輸

It's very expensive to ***transport*** goods by air.
（空運貨物很昂貴。）

❖ **transfer** 〔træns'fɝ〕 *v.*, *n.* 遷移；調職

I was ***transferred*** to a new section last month.
（上個月，我被調到一個新部門。）

The teacher requested a ***transfer*** to another school.
（那位老師要求調往他校。）

········ ‖‖‖‖‖ un-〈否定〉‖‖‖‖‖ ········

❖ **unusual** 〔ʌn'juʒʊəl〕 *adj.* 不尋常的　······ 囡 usual *adj.*

This summer we had an ***unusual*** amount of rain.
（今年夏天有不尋常的雨量。）

❖ **unlike** 〔ʌn'laɪk〕 *adj.* 不相似的　*prep.* 不像

······ 囡 alike〔ə'laɪk〕*adj.* 同樣的

Bill is completely ***unlike*** his brother.
（比爾和他的弟弟完全不像。）

It is ***unlike*** him to be late.（他不像是會遲到的人。）

❖ **unfortunate** 〔ʌn'fɔrtʃənɪt〕 *adj.* 不幸的

It was ***unfortunate*** that he lost his passport.
（他護照掉了，眞是倒霉。）

······ ‖‖‖‖‖ uni-〈單一〉‖‖‖‖‖ ······

❖ **unique** 〔ju'nik〕 *adj.* 獨特的

The writer has his own ***unique*** style.

（這位作家有他自己獨特的風格。）

❖ **uniform** 〔'junə,fɔrm〕 *n.* 制服　*adj.* 相同的

She was in school ***uniform***. （她穿著學校的制服。）

❖ **unite** 〔ju'naɪt〕 *v.* 合併；結合

Scotland and England were ***united*** in 1707.

（蘇格蘭和英格蘭於 1707 年合併。）

❖ **union** 〔'junjən〕 *n.* 結合；同盟；工會

Marriage is a sacred ***union*** between a man and a woman. （婚姻是男人和女人間神聖的結合。）

　＊ sacred 〔'sekrɪd〕 *adj.* 神聖的

（解答見p.244）

1. Now people almost everywhere in the world can speak to
   each other by_____. 〔四技工專〕
   (A) train   (B) bus
   (C) telegraph   (D) telephone

2. We call the story of a person's life written by himself
   his a_____y. 〔師大工教〕

3. The teacher can easily_____the students if they
   are in uniform. 〔四技商專〕
   (A) identity   (B) identification
   (C) identify   (D) identical

4. This accident was_____, considering how careless
   you are with your driving. 〔北區夜二專〕
   (A) evitable   (B) inevitable   (B) avoidable   (D) inavoidable

5. This industry m_____es only electronic goods.
   〔中區夜二專·北區夜二專〕

6. The author's vivid_____of the place brings it to life
   in the minds of the readers. 〔北區夜二專〕
   (A) manuscript   (B) prescription
   (C) description   (D) describe

7. With a touch of his wand, the magician made the rabbit
   _____. 〔四技商專〕
   (A) disappear   (B) to disappear
   (C) disappearing   (D) disappeared

Modern Terms・現代用語

········ ‖‖‖‖環境 ★ 環保‖‖‖‖········

❖ **environment** 〔ɪn'vaɪrənmənt〕 *n.* 環境

A lot of people are worried about the *environment*.
（許多人擔心環境問題。）

❖ **food chain** 〔'fud 'tʃen〕 *n.* 食物鏈

Pollution has a big effect on the *food chain*.
（汚染對食物鏈有重大的影響。）

❖ **tropical rain forest** 〔'trɑpɪkḷ ren 'fɔrɪst〕 *n.* 熱帶雨林

27 million acres of *tropical rain forests* are destroyed
every year.（每年有二千七百萬英畝的熱帶雨林遭到破壞。）

❖ **nuclear** 〔'njuklɪr〕 *adj.* 核能的

······ nucleus *n.* 核心　　*nuclear weapons* 核子武器

There are three *nuclear* power stations in this town.
（這座城鎮有三處核能發電站。）

❖ **acid rain** 〔'æsɪd 'ren〕 *n.* 酸雨

Acid rain is a big problem in the western part of the
country.（酸雨在這個國家西部構成嚴重的問題。）

❖ **pollution** 〔pə'luʃən〕 *n.* 污染　　······ pollute *v.*

Air *pollution* is one of our biggest problems.
（空氣污染是我們最嚴重的問題之一。）

❖ **contamination** 〔kən,tæmə'neʃən〕 *n.* 污染
　Radioactive ***contamination*** was a serious problem in
　that area.（放射線污染在那個地區是相當嚴重的問題。）

❖ **exhaust fumes** 〔ɪg'zɔst'fjumz〕 *n.* 廢氣
　The ***exhaust fumes*** are bad along that street.
　（那條街的廢氣排放很嚴重。）

❖ **chemical waste** 〔'kɛmɪkl̩ 'west〕 *n.* 化學廢棄物;化學廢料
　That factory produces a lot of ***chemical waste***.
　（那家工廠製造出大量的化學廢料。）

❖ **recycle** 〔ri'saɪkl̩〕 *v.* 回收再利用
　We ***recycle*** all our old newspapers.
　（我們把所有的舊報紙回收後再利用。）

❖ **conservation** 〔,kɑnsə'veʃən〕 *n.* 節約;保存
　We should all be concerned about energy ***conservation***.
　（我們大家都必須關心節約能源的問題。）

❖ **ecology** 〔ɪ'kɑlədʒɪ〕 *n.* 生態系;生態學
　Desert ***ecology*** is a rather new field of study.
　（沙漠生態學是相當新的研究領域。）

❖ **radioactivity** 〔,redɪoæk'tɪvətɪ〕 *n.* 放射能;放射性
　The people were exposed to ***radioactivity***.
　（這些人暴露在放射性物質中。）

—— 學習師資最優・學費最低 ——

······ ‖‖‖‖‖政治 ★ 經濟‖‖‖‖‖ ·······

❖ **capitalism** [ˈkæpətḷˌɪzəm] *n.* 資本主義

Capitalism seems more popular than socialism these days. (最近資本主義似乎比社會主義更風行。)

* socialism [ˈsoʃəlˌɪzəm] *n.* 社會主義

❖ **communism** [ˈkɑmjʊˌnɪzəm] *n.* 共產主義

Communism is losing influence in the world.
(共產主義漸失其對世界之影響力。)

❖ **cabinet** [ˈkæbənɪt] *n.* 內閣

He is the most possible man to be appointed to the new *cabinet*. (他是最有可能被任命為新內閣閣員的人。)

* appoint [əˈpɔɪnt] *v.* 任命；指派

❖ **treaty** [ˈtritɪ] *n.* 條約

Those two countries signed a peace *treaty*.
(那兩個國家簽署了和平條約。)

❖ **summit** [ˈsʌmɪt] *n.* 山峯；高階層

The next *summit* meeting will be held in Geneva.
(下次的高峯會議將在日內瓦舉行。)

❖ **alliance** [əˈlaɪəns] *n.* 同盟

Those two countries concluded an *alliance*.
(那兩國決議結為同盟。)　　* conclude [kənˈklud] *v.* 締結

❖ **embassy** [ˈɛmbəsɪ] *n.* 大使館　······ ambassador 大使

She works at the American *Embassy.*(她在美國大使館工作。)

◇ **hostage** 〔'hɑstɪdʒ〕 *n.* 人質

The terrorists were holding several *hostages*.

（恐怖分子挾持數名人質。）

* terrorist 〔'tɛrərɪst〕 *n.* 恐怖分子

◇ **prime minister** 〔'praɪm 'mɪnɪstɚ〕 *n.* 首相；行政院長

Who is the *Prime Minister* of Great Britain?

（英國的首相是誰？）

◇ **refugee** 〔,rɛfjʊ'dʒi 〕 *n.* 難民

There was a flood of *refugees* during the war.

（戰爭期間有難民潮。）

◇ **civil war** 〔'sɪvḷ 'wɔr〕 *n.* 內戰

That country is in the middle of a *civil war*.

（那個國家正處於內戰中。）

◇ **protectionism** 〔prə'tɛkʃənɪzm̩〕 *n.* 貿易保護主義

Protectionism is a danger to the world economy.

（貿易保護主義會對世界經濟構成威脅。）

◇ **tariff wall** 〔'tærɪʃ 'wɔl〕 *n.* 關稅壁壘

Japan lowered *tariff walls* against foreign goods.

（日本降低對外國貨品的關稅壁壘。）

◇ **economic sanctions** 〔,ikə'nɑmɪk 'sæŋkʃənz〕 *n.* 經濟制裁

The *economic sanctions* caused a lot of damage to Iraq.

（經濟制裁造成伊拉克的嚴重損失。）

······· ‖‖‖‖‖ 社會 ★ 一般 ‖‖‖‖‖ ·······

❖ **brain death** 〔'bren ,dɛθ〕*n.* 腦死

There are many legal problems surrounding *brain death*.
（腦死引起了很多法律上的問題。）

❖ **handicapped** 〔'hændɪ,kæpt〕*adj.* 身體有缺陷的

There is a special school for the *handicapped*.
（有一所專門為殘障者而設的特殊學校。）

❖ **cradle-to-grave** 〔'kredḷ tə 'grev〕*adj.* 終身的

That country has a *cradle-to-grave* welfare system.
（該國有一套保障終身的福利制度。）

❖ **delinquency** 〔dɪ'lɪŋkwənsɪ〕*n.* 犯罪

Juvenile *delinquency* has been increasing in recent
years.（近年來青少年犯罪率不斷增加。）
* juvenile 〔'dʒuvə,naɪl〕*adj.* 青少年的

❖ **divorce** 〔də'vors,-'vɔrs〕*v.*, *n.* 離婚

She *divorced* him last year.（她去年和他離婚了。）

❖ **bribe** 〔braɪb〕*n.*, *v.* 賄賂 ······ bribery *n.* 行賄

The politician was offered a *bribe*.（那位政治家受到賄賂。）

❖ **drug** 〔drʌg〕*n.* 藥品；毒品

The problems of *drug* addiction are getting more and
more serious nowadays.（吸毒的問題如今已日漸嚴重。）
* addiction 〔ə'dɪkʃən〕*n.* 吸毒；耽溺

❖ **kidnap** 〔'kɪdnæp〕 *v.* 綁架

He was *kidnapped* by terrorists.

（他被恐怖份子綁架了。）

❖ **pickpocket** 〔'pɪk,pɑkɪt〕 *n.* 扒手

Pickpockets like to work in crowded places.

（扒手喜歡在擁擠之處下手。）

❖ **simultaneous translation** 〔,saɪml̩'tenɪəs træns'leʃən〕
n. 同步翻譯

Simultaneous translation was provided at the con-
ference.（會議中有同步翻譯。）

❖ **copyright** 〔'kɑpɪ,raɪt〕 *n.* 著作權

He owns the *copyright* on that song.

（他擁有那首歌的著作權。）

❖ **censorship** 〔'sɛnsəʃɪp〕 *n.* 檢查

There is strict *censorship* in that country.

（那個國家的檢查制度很嚴格。）

REVIEW ㉔

（解答見 p.244）

1. Air_____is very serious in many large cities.
   (A) produce   (B) fruit   〔四技工專·
   (C) plant   (D) pollution   保送甄試〕

2. The doctor was always associated in the child's mind
   _____injections and pains. 〔北區夜二專〕
   (A) up   (B) for   (C) through   (D) with

3. We should realize the importance of_____. 〔保送甄試·
   (A) keeping our environment clear   四技商專〕
   (B) keeping our environment clean
   (C) doing our environment clear
   (D) doing our environment clean

4. Banning of n_____r weapons is our only hope of
   survival. 〔四技工專·中區夜二專〕

5. The_____rates have been on the decline in recent
   years. 〔中區夜二專〕
   (A) divorce   (B) divorces   (C) divorcing   (D) divorced

6. _____of any type of natural resources is a must.
   (A) Conserve   (B) Conservative   〔四技工專〕
   (C) Conservation   (D) Conversation

7. Penicillin was one of the most important_____to be
   ever discovered. 〔師大工教·四技商專〕
   (A) drugs   (B) acid
   (C) fumes   (D) waste

解　答

Review 1 (*p.14*)

　　1. D　2. A　3. B　4. B　5. A　6. A　7. A　8. B

Review 2 (*p.23*)

　　1. D　2. B　3. A　4. punctual　5. media　6. C　7. B　8. A

Review 3 (*p.31*)

　　1. A　2. C　3. D　4. A　5. permission　6. D　7. C

Review 4 (*p.40*)

　　1. B　2. D　3. A　4. C　5. D　6. B　7. C

Review 5 (*p.51*)

　　1. sensitive　2. D　3. B　4. A　5. A　6. C　7. D

Review 6 (*p.62*)

　　1. B　2. solve　3. C　4. D　5. ambitiously　6. C　7. D　8. B

Review 7 (*p.73*)

　　1. D　2. D　3. A　4. apologize　5. B　6. reference　7. B

Review 8 (*p.84*)

　　1. B　2. intend　3. instruments　4. A　5. D　6. A　7. B　8. C

Review 9 (*p.97*)

　　1. C　2. ambulance　3. C　4. A　5. D　6. D　7. A　8. D

Review 10 (*p.109*)

　　1. A　2. B、C　3. C　4. B　5. A　6. D　7. C

Review 11 (*p.118*)

　　1. B　2. C　3. B　4. D　5. B　6. A　7. A　8. C

Review 12 (p.129)

1. C 2. analysis 3. impression 4. B 5. B 6. D 7. B

Review 13 (p.138)

1. B 2. D 3. D 4. D 5. B 6. D 7. A

Review 14 (p.149)

1. C 2. variety 3. admirable 4. B 5. C 6. D 7. B

Review 15 (p.160)

1. C 2. C 3. determination 4. A 5. B 6. D 7. C

Review 16 (p.173)

1. D 2. D 3. D 4. inhabitants 5. D 6. illustrated 7. A

Review 17 (p.184)

1. D 2. A 3. B 4. consult 5. D 6. C 7. A 8. A

Review 18 (p.192)

1. B 2. C 3. C 4. C 5. D 6. A 7. A

Review 19 (p.200)

1. A 2. delayed 3. persuade 4. C 5. B 6. D 7. A

Review 20 (p.208)

1. A 2. D 3. B 4. D 5. D 6. C 7. vain

Review 21 (p.217)

1. B 2. D 3. A 4. C 5. C 6. D 7. B

Review 22 (p.228)

1. B 2. A 3. A 4. D 5. B 6. Quality 7. comedy

Review 23 (p.235)

1. D 2. autobiography 3. C 4. B 5. manufactures 6. C 7. A

Review 24 (p.242)

1. D 2. D 3. B 4. nuclear 5. A 6. C 7. A

Check List

||||||||||||F||||||||||||

・心得筆記欄・

四技日工專參加聯招學校及系科

類別	學　　校	系　　科（組）
（一） 機 械 類	台北技術學院	機械工程技術系 纖維工程技術系（機械專長）
	雲林技術學院	機械工程技術系
	台灣師範大學	工業教育學系機械組 工業教育學系板金組 工業教育學系鑄造組 工業教育學系製圖組
	彰化師範大學	工業教育學系機械製造組（甲） 工業教育學系機械設計組
	台北技術學院	機械工程技術系 紡織工程技術系紡織工程組
	海　洋　大　學	輪機工程技術系
	亞　東　工　專	機械工程科製造組 機械工程科動力組 紡織工程科紡織組
	龍　華　工　商	機械工程科製造組 機械工程科自動化控制組
	南　亞　工　商	機械工程科製造組 機械工程科動力組 紡織工程科紡織組
	萬　能　工　商	紡織工程科紡織組
	聯　合　工　商	機械工程科設計組 機械工程科製造組 機械工程科動力組
	勤　益　工　商	機械工程科設計組 機械工程科製造組 機械工程科自動化控制組
	南　台　工　商	機械工程科製造組 機械工程科自動化控制組
	高　雄　工　商	機械工程科製造組 機械工程科自動化控制組 模具工程科
	新　埔　工　商	機械工程科
	崑　山　工　商	機械工程科
	光　武　工　商	機械工程科

類別	學　校	系　　　科（組）
（一） 機 械 械 類	雲　林　工　專	機械製造工程科 機械設計工程科 自動化工程科 機械材料工程科 動力機械工程科 飛機工程科
	遠　東　工　商	機械工程科
	東　南　工　專	機械工程科
	南　開　工　商	機械工程科製造組
	建　國　工　商	機械工程科製造組 機械工程科設計組
	華　夏　工　商	機械工程科自動化控制組
	健　行　工　商	機械工程科
	樹　德　工　商	機械工程科
	大　華　工　商	自動化工程科
	中　華　工　商	機械工程科
	四　海　工　商	機械工程科
	高　雄　海　專	輪機工程科
	嘉　義　農　專	農業機械工程科
	大　漢　工　商	機械工程科
	明　新　工　商	機械工程科自動化控制組
（二） 汽 車 類	台灣師範大學	工業教育學系汽車組
	彰化師範大學	工業教育學系機械製造（乙）
	台北技術學院	機械工程科技術系汽車組
	亞　東　工　專	機械工程科汽車組
	南　亞　工　專	機械工程科汽車組
	聯　合　工　商	機械工程科汽車組
	南　台　工　商	機械工程科汽車組
	崑　山　工　商	機械工程科汽車組
	永　達　工　商	機械工程科汽車組
	光　武　工　商	機械工程科汽車組
	雲　林　工　專	車輛工程科
	遠　東　工　商	機械工程科汽車組
	台灣技術學院	電機工程科技術系
	雲林技術學院	電機工程科技術系
	台灣師範大學	工業教育學系電機控制組 工業教育學系冷凍空調組

類別	學 校	系 科（組）
（三） 電 機 類	彰化師範大學	工業教育學系電機工程組
	台北技術學院	電機工程技術系 電機工程技術系冷凍空調組
	高雄技術學院	電腦與通訊技術系（電機）
	亞 東 工 專	電機工程科電機電力組
	龍 華 工 商	電機工程科電機電力組 電機工程科儀表控制組
	聯 合 工 商	電機工程科電機電力組 電機工程科儀表控制組
	勤 益 工 商	電機工程科電機電力組 電機工程科冷凍空調組
	南 台 工 商	電機工程科電機電力組 電機工程科機電整合組
	高 雄 工 商	電機工程科電機電力組 電機工程科儀表控制組
	新 埔 工 商	電機工程科
	光 武 工 商	電機工程科
	雲 林 工 專	電機工程科
	建 國 工 商	電機工程科電機電力組
	華 夏 工 商	電機工程科電機電力組
	東 方 工 商	電機工程科
	健 行 工 商	電機工程科
	中 華 工 商	電機工程科
	中 州 工 商	電機工程科
	親 民 工 商	電機工程科
	宜 蘭 農 工	電機工程科
	崑 山 工 商	電機工程科
	明 新 工 商	電機工程科電機電力組 電機工程科儀表控制組
	東 南 工 專	電機工程科
	高 苑 工 商	電機工程科
（四） 電 子 類	台灣技術學院	電子工程技術系
	雲林技術學院	電子工程技術系
	台灣師範大學	工業教育學系電子資訊組
	彰化師範大學	工業教育學系電子資訊組
	海 洋 大 學	航海技術系
	台北技術學院	電子工程技術系

類別	學　　校	系　　科（組）
	高雄技術學院	電腦與通訊技術系（電子）
	亞 東 工 專	電子工程科儀器系統組 電子工程科計算機工程組
	龍 華 工 商	電子工程科計算機工程組 電子工程科應用電子組
	萬 能 工 商	電子工程科計算機工程組 電子工程科儀器系統組
	聯 合 工 商	光電工程科 電子工程科計算機工程組 電子工程科儀器系統組
	勤 益 工 商	電子工程科計算機工程組 電子工程科應用電子組
	高 雄 工 商	電子工程科
	南 台 工 商	電子工程科計算機工程組 電子工程科應用電子組
	新 埔 工 商	電子工程科計算機工程組
	崑 山 工 商	電子工程科
	明 新 工 商	電子工程科計算機工程組 電子工程科應用電子組
	南 榮 工 商	電子工程科
	永 達 工 商	電子工程科
	光 武 工 商	電子工程科計算機工程組
	黎 明 工 專	電子工程科
	東 南 工 專	電子工程科計算機工程組
	建 國 工 商	電子工程科計算機工程組
	南 開 工 商	電子工程科計算機工程組
	雲 林 工 專	光電工程科
	健 行 工 商	電子工程科
	大 華 工 商	電子工程科
	四 海 工 商	電子工程科
	華 夏 工 商	電子工程科計算機工程組
	親 民 工 商	電子工程科
	復 興 工 商	電子工程科計算機工程組
	景 文 工 商	電子工程科計算機工程組 電子工程科應用電子組
	高 雄 海 專	電訊工程科
	高 苑 工 商	電子工程科

（四）電子類

類別	學　校	系　　　科（組）
(四) 電 子 類	宜　蘭　農　工	電子工程科
	中　華　工　商	電子工程科
	元　培　醫　專	醫學工程科（電子專長）
	澎　湖　海　專	電訊工程科
(五) 化 工 類	台灣技術學院	化學工程技術系 纖維工程技術系（纖維化工）
	台北技術學院	化學工程技術系 紡織工程技術系紡織化學組
	亞　東　工　專	紡織工程科染整組
	龍　華　工　商	化學工程科
	南　亞　工　專	化學工程科生產工程組 化學工程科化學技術組
	華　夏　工　商	化學工程科化學技術組
	萬　能　工　商	化學工程科化學技術組
	聯　合　工　商	化學工程科化學技術組 化學工程科生產工程組 陶業工程科
	勤　益　工　商	化學工程科生產工程組 化學工程科化學技術組
	南　台　工　商	化學工程科化學技術組
	高　雄　工　商	化學工程科
	崑　山　工　商	化學工程科
(六) 衛 生 類	朝陽技術學院	應用化學系
	嘉　南　藥　專	工業安全衛生科 環境工程衛生科 應用化學科 食品衛生科
	大　仁　藥　專	環境工程衛生科 工業安全衛生科
	中　華　醫　專	食品營養科
	弘　光　護　專	工業安全衛生科
	元　培　醫　專	環境工程衛生科 食品衛生科
	中　台　醫　專	食品衛生科
	高　雄　海　專	海洋環境工程科
	輔　英　護　專	環境工程衛生科
	德　育　護　專	食品衛生科

類別	學　　校	系　　科（組）
	台灣技術學院	營建工程技術系
	台北技術學院	土木工程技術系 建築設計技術系
(七)	雲林技術學院	空間設計技術系
	朝陽技術學院	營建工程技術系 建築設計技術系
土	高雄技術學院	營建工程技術系
	南 亞 工 商	土木工程科 建築工程科
	萬 能 工 商	土木工程科
木	聯 合 工 商	建築工程科設計組 建築工程科營建組
	高 雄 工 商	土木工程科營建組
	永 達 工 商	建築工程科
	正 修 工 商	建築工程科
建	建 國 工 商	土木工程科營建組
	健 行 工 商	土木工程科
	四 海 工 商	土木工程科
	高 苑 工 商	建築工程科 土木工程科
築	嘉 義 農 專	農業土木工程科
	中 國 工 商	建築工程科
	東 南 工 專	土木工程科
類	華 夏 工 商	建築工程科（修業二年）
	中 華 工 商	建築工程科 土木工程科
	宜 蘭 農 工	土木工程科
	雲林技術學院	工業設計技術系
(八)	台灣師範大學	工業教育學系家具建築組
工	台北技術學院	工業設計技術系產品設計組 工業設計技術系家具設計組
業	朝陽技術學院	工業設計技術系
設	亞 東 工 專	工業設計科
計	萬 能 工 商	工業設計科
類	聯 合 工 商	工業設計科（主修鞋業設計）

類別	學　　校	科　　　　系（組）
	雲林技術學院	工業管理技術系
	台灣師範大學	工業教育學系圖文傳播組
	台北技術學院	材料及資源工程技術系材料組
		材料及資源工程技術系資源組
		工業工程技術系工程組
(九)	朝陽技術學院	工業管理技術系
工	亞　東　工　專	工業工程與管理科工程組
		製衣工程科（工程專長）
業	龍　華　工　商	工業工程與管理科工程組
工	萬　能　工　商	工業工程與管理科工程組
		環境工程科
商	聯　合　工　商	工業工程與管理科工程組
		環境工程科
管	勤　益　工　商	工業工程與管理科工程組
	南　台　工　商	工業工程與管理科工程組
理	高　雄　工　商	工業工程與管理科工程組
	新　埔　工　商	工業工程與管理科工程組
工	明　新　工　商	工業工程與管理科工程組
	崑　山　工　商	工業工程與管理科工程組
程		環境工程科
	永　達　工　商	工業工程與管理科工程組
	雲　林　工　專	工業工程科
組	樹　德　工　專	工業工程與管理科工程組
	宜　蘭　農　工	環境工程科
	黎　明　工　專	工業工程與管理科工程組
	大　漢　工　商	資源工程科
	東　南　工　專	工業工程與管理科工程組
(十)	台北技術學院	工業工程技術系管理組
工	亞　東　工　專	工業工程與管理科管理組
		製衣工程科（管理專長）
業		紡織工程科紡織組
工		紡織工程科染整組
程	龍　華　工　商	工業工程與管理科管理組
管	萬　能　工　商	工業工程與管理科管理組
理	聯　合　工　商	工業工程與管理科管理組
類	勤　益　工　商	工業工程與管理科管理組

類別	學　　校	科　　　系（組）
（十）工業工程管理類管理組	南台工商	工業工程與管理科管理組
	高雄工商	工業工程與管理科管理組
	明新工商	工業工程與管理科管理組
	南榮工商	工業工程與管理科管理組
	永達工商	工業工程與管理科管理組
	遠東工商	工業工程與管理科管理組
	南開工商	工業工程與管理科管理組
	建國工商	工業工程與管理科管理組
	正修工商	工業工程與管理科管理組
	健行工商	工業工程與管理科管理組
	親民工商	工業工程與管理科管理組
	大華工商	工業工程與管理科管理組
	中華工商	工業工程與管理科管理組
	南亞工專	紡織工程科管理組
	萬能工商	紡織工程科管理組
	黎明工專	工業工程與管理科管理組
（十一）食品類	屏東技術學院	食品技術系
	嘉南藥專	食品衛生科
	中台醫專	食品衛生科
	中華醫專	食品營養科
	元培醫專	食品衛生科
	東方工商	食品工程科
	中國海專	水產食品工業科
	嘉義農專	食品工業科
	大仁藥專	食品衛生科
	德育護專	食品衛生科
	弘光護專	食品營養科
（十二）海事類	台灣海洋大學	航海技術系
	高雄海專	航海科 漁業科 水產養殖科
	澎湖海專	水產養殖科

四技日商專參加聯招學校及系科

區別	類別	學 校	系 科（組）	
北 中 南 聯 合 招 生	商 業 類	台灣技術學院	企業管理技術系 資訊管理技術系	
		彰化師範大學	商業教育學系	公費
			資料處理組	自費
			商業教育學系	公費
			國際貿易組	自費
			商業教育學系	公費
			會 計 組	自費
		雲林技術學院	企業管理技術系 資訊管理技術系	
		屏東技術學院	農業經營技術系	
		朝陽技術學院	企業管理技術系 資訊管理技術系 財務金融技術系	
	商 設 類	雲林技術學院	商業設計技術系 空間設計技術系	
		朝陽技術學院	商業設計技術系	
北 區	商 業 類	台 北 商 專	國 際 貿 易 科 企 業 管 理 科	
		宜 蘭 農 工	農 業 經 濟 科	
		德 明 商 專	資 訊 管 理 科 國 際 貿 易 科 企 業 管 理 科 銀 行 保 險 科 會 計 統 計 科 財 政 稅 務 科	
		中 國 工 商	資 訊 管 理 科 國 際 貿 易 科 企 業 管 理 科 會　　計　　科	
		崇 右 企 專	資 訊 管 理 科 國 際 貿 易 科 企 業 管 理 科 商 業 文 書 科 會 計 統 計 科	
		新 埔 工 商	資 訊 管 理 科	

區別	類別	學　　校	系　　科（組）
北 區	商 業 類	景　文　工　商	資　訊　管　理　科 國　際　貿　易　科 企　業　管　理　科 會　　計　　科 銀　行　保　險　科 財　政　稅　務　科 觀　光　事　業　科
		龍　華　工　商	國　際　貿　易　科 資　訊　管　理　科
		明　新　工　商	資　訊　管　理　科 國　際　貿　易　科 企　業　管　理　科
		萬　能　工　商	資　訊　管　理　科 國　際　貿　易　科 企　業　管　理　科
		健　行　工　商	國　際　貿　易　科
		大　華　工　商	資　訊　管　理　科 國　際　貿　易　科
		元　培　醫　專	醫　務　管　理　科
		大　漢　工　商	會　計　統　計　科 企　業　管　理　科
		中　華　工　商	國　際　貿　易　科 企　業　管　理　科
		南　亞　工　商	資　訊　管　理　科
		醒　吾　商　專	國　際　貿　易　科 企　業　管　理　科
		四　海　工　商	銀　行　保　險　科 國　際　貿　易　科 企　業　管　理　科
		中　國　海　專	航　運　管　理　科
		復　興　工　商	國　際　貿　易　科 會　計　統　計　科
		精　鍾　商　專	資　訊　管　理　科 國　際　貿　易　科 企　業　管　理　科 觀　光　事　業　科 財　政　稅　務　科 會　計　統　計　科 不　動　產　經　營　科

區別	類別	學　　校	系　　科（組）
中　　　　　　　　　　　　　　　　　　　區	商　　　　　　業　　　　　　類	台 中 商 專	國 際 貿 易 科 會 計 統 計 科 資 訊 管 理 科
		勤 益 工 商	企 業 管 理 科 資 訊 管 理 科
		嶺 東 商 專	銀 行 保 險 科 會　　計　　科 國 際 貿 易 科 企 業 管 理 科 商 業 文 書 科 資 訊 管 理 科
		僑 光 商 專	國 際 貿 易 科 資 訊 管 理 科
		環 球 商 專	銀 行 保 險 科 財 政 稅 務 科 會 計 統 計 科 國 際 貿 易 科 商 業 文 書 科 企 業 管 理 科 資 訊 管 理 科
		中 州 工 商	國 際 貿 易 科 資 訊 管 理 科 企 業 管 理 科
		親 民 工 商	國 際 貿 易 科 企 業 管 理 科 資 訊 管 理 科
		聯 合 工 商	資 訊 管 理 科 銀 行 保 險 科
		建 國 工 商	資 訊 管 理 科
		南 開 工 商	資 訊 管 理 科 不 動 產 經 營 科
		中 臺 醫 專	醫 務 管 理 科
		弘 光 醫 專	醫 務 管 理 科
	商設類	台 中 商 專	商 業 設 計 科
		嶺 東 商 專	商 業 設 計 科

區別	類別	學　　校	系　　科（組）
南　　　區	商　　　業　　　類	高 雄 海 專	航 運 管 理 科
		澎 湖 海 專	航 運 管 理 科
			觀 光 事 業 科
			資 訊 管 理 科
		屏 東 商 專	企 業 管 理 科
			財 務 金 融 科
			會 計 科
			國 際 貿 易 科
			不 動 產 經 營 科
			資 訊 管 理 科
		高 雄 工 商	銀 行 保 險 科
			財 政 稅 務 科
			會 計 統 計 科
			國 際 貿 易 科
			觀 光 事 業 科
		台 南 家 專	企 業 管 理 科
			會 計 統 計 科
		南 台 工 商	國 際 貿 易 科
			企 業 管 理 科
			財 務 金 融 科
			觀 光 事 業 科
			會 計 統 計 科
			資 訊 管 理 科
		正 修 工 商	企 業 管 理 科
		崑 山 工 商	國 際 貿 易 科
			財 務 金 融 科
			會 計 科
			資 訊 管 理 科
			不 動 產 經 營 科
			應 用 外 語 科
		東 方 工 商	觀 光 事 業 科
		和 春 工 商	銀 行 保 險 科
			資 訊 管 理 科
			會 計 統 計 科
		永 達 工 商	國 際 貿 易 科
			銀 行 保 險 科
			企 業 管 理 科
		高 苑 工 商	國 際 貿 易 科

區別	類別	學　　校	系　　科（組）
南　　　　　　區	商　　業　　類	高 苑 工 商	企 業 管 理 科 資 訊 管 理 科
		南 榮 工 商	國 際 貿 易 科 企 業 管 理 科
		吳 鳳 工 商	資 訊 管 理 科 國 際 貿 易 科
		嘉 南 藥 專	醫 務 管 理 科
		中 華 醫 專	醫 務 管 理 科
		美 和 專 校	企 業 管 理 科
		遠 東 工 商	企 業 管 理 科
	商　　設　　類	台 南 家 專	商 業 設 計 組 產 品 設 計 組 室 內 設 計 科
		東 方 工 商	商 業 設 計 組 室 內 設 計 組

北區夜二專參加聯招學校及系科

類　別	學　　校	系　　科（組）
商業類 普通班		資 料 管 理 科 商 業 文 書 科
商 業 類 （ 在 職 班 ）	台 北 商 專	國 際 貿 易 科 企 業 管 理 科 銀 行 保 險 科 商 業 文 書 科 財 政 稅 務 科 會 計 統 計 科 資 訊 管 理 科
	致 理 商 專	國 際 貿 易 科 企 業 管 理 科 銀 行 保 險 科 商 業 文 書 科 會 計 統 計 科
	德 明 商 專	國 際 貿 易 科 企 業 管 理 科 銀 行 保 險 科 財 政 稅 務 科 會 計 統 計 科 資 訊 管 理 科
	中 國 工 商	國 際 貿 易 科 財 政 稅 務 科 企 業 管 理 科 會 　 計 　 科 資 訊 管 理 科
	醒 吾 商 專	國 際 貿 易 科 企 業 管 理 科 觀 光 事 業 科 銀 行 保 險 科 會 　 計 　 科
	崇 佑 企 專	國 際 貿 易 科 企 業 管 理 科 銀 行 保 險 科 商 業 文 書 科 會 　 計 　 科

類 別	學 校	系 科（組）
商業類（在職班）	景 文 工 商	國際貿易科
		企業管理科
		銀行保險科
		觀光事業科
		會 計 科
		財政稅務科
		資訊管理科
	中 國 海 專	航運管理科
	新 埔 工 商	資訊管理科
	光 武 工 商	資訊管理科
	龍 華 工 商	國際貿易科
機 械 類	龍 華 工 商	機械工程科
	華 夏 工 專	機械工程科（自控組）
	中 華 工 專	機械工程科
	光 武 工 商	機械工程科（製造組）
	四 海 工 商	機械工程科（製造組）
	新 埔 工 商	機械工程科
	東 南 工 專	機械工程科（製造組）
	黎 明 工 專	機械工程科
	亞 東 工 專	紡織工程科
汽車類	亞 東 工 專	機械工程科（汽車組）
	光 武 工 商	機械工程科（汽車組）
電 機 類	亞 東 工 專	電機工程科
	龍 華 工 商	電機工程科
	華 夏 工 專	電機工程科
	中 華 工 專	電機工程科
	黎 明 工 專	電機工程科
	東 南 工 專	電機工程科
	新 埔 工 商	電機工程科
	光 武 工 商	電機工程科
電 子 類	亞 東 工 專	電子工程科（計算機工程組）
		電子工程科（儀器系統組）
	華 夏 工 商	電子工程科
	龍 華 工 商	電子工程科
	中 華 工 專	電子工程科
	新 埔 工 商	電子工程科
	光 武 工 商	電子工程科

類　別	學　　校	系　　　　科（組）
電子類	四 海 工 商	電子工程科
	東 南 工 專	電子工程科
	黎 明 工 專	電子工程科
	中 國 海 專	通訊工程科
化工類	龍 華 工 商	化學工程科
	華 夏 工 專	化學工程科（技術組）
	光 武 工 商	化學工程科
土建類	中 國 工 商	建築工程科
		土木工程科
	華 夏 工 專	建築工程科
	四 海 工 商	土木工程科
	東 南 工 專	土木工程科
	中 華 工 專	建築工程科
工程類	亞 東 工 專	工業工程管理科
	龍 華 工 商	工業工程管理科
	新 埔 工 商	工業工程管理科
	亞 東 工 專	製衣工程科
	東 南 工 專	環境工程科
工程組	亞 東 工 專	工業工程管理科
	龍 華 工 商	工業工程管理科
	新 埔 工 商	工業工程管理科
	中 華 工 專	工業工程管理科
	東 南 工 專	工業工程管理科
食品類	德 育 護 專	食品衛生科（營養組）
	中 國 海 專	水產食品工業科
衛生類	德 育 護 專	食品衛生科（衛生組）
工設類	亞 東 工 專	工業設計科

──────學習師資最優‧學費最低──────

||||||||||||| ● 學習出版公司門市部 ● |||||||||||||||

台北地區：台北市許昌街 10 號 2 樓 TEL:(02)2331-4060・2331-9209
台中地區：台中市綠川東街 32 號 8 樓 23 室
TEL:(04)223-2838

|||||||||||||||||||||||||||||||||||||||||||||||

升二專英文字彙

編　　　　著 / 蔡 琇 瑩	
發　行　所 / 學習出版有限公司	☎ (02) 2704-5525
郵 撥 帳 號 / 0512727-2 學習出版社帳戶	
登　記　證 / 局版台業 2179 號	
印　刷　所 / 裕強彩色印刷有限公司	
台 北 門 市 / 台北市許昌街 10 號 2 F	☎ (02) 2331-4060・2331-9209
台 中 門 市 / 台中市綠川東街 32 號 8 F 23 室	☎ (04) 223-2838
台灣總經銷 / 學英文化事業公司	☎ (02) 2218-7307
美國總經銷 / Evergreen Book Store	☎ (818) 2813622

售價：新台幣一百八十元正

1999 年 3 月 1 日一版四刷

ISBN 957-519-315-6